내 삶의 주인이 된다는 것

내 삶의 주인이 된다는 것
자유의 철학자 사르트르가 말하다

초판 1쇄 펴낸날 2023년 3월 10일

지은이 변광배
펴낸이 이건복
펴낸곳 도서출판 동녘

책임편집 김다정
편집 구형민 정경윤 이지원 김혜윤 홍주은
마케팅 임세현
관리 서숙희 이주원

등록 제311-1980-01호 1980년 3월 25일
주소 (10881) 경기도 파주시 회동길 77-26
전화 영업 031-955-3000 편집 031-955-3005 **전송** 031-955-3009
블로그 www.dongnyok.com **전자우편** editor@dongnyok.com
페이스북·인스타그램 @dongnyokpub
인쇄·제본 새한문화사 **종이** 한서지업사

ISBN 978-89-7297-074-3 (03160)

내 삶의 주인이 된다는 것

자유의 철학자 사르트르가 말하다

· 변광배 지음 ·

동녘

일러두기

• 본문에 사용한 기호의 쓰임새는 다음과 같다.
《 》: 책, 신문, 잡지
〈 〉: 논문, 단편, 희곡, 시나리오, TV 프로그램
• 사르트르의 저작에서 인용한 부분은 필자가 직접 번역했다.

사르트르가 예찬하는 주체적 삶을 향하여

인간은 사회적 존재이다. 하지만 인간은 개별적 존재이기도 하다. '사회가 먼저인가, 개인이 먼저인가' 하는 문제는 차치하자. 개별적 존재로서의 인간이 다른 존재, 다른 인간과 구별된다는 점은 결코 부인할 수 없다. 이런 의미에서 인간은 예외 없이 '개인個人'이라고 할 수 있다. 물론 인류의 오랜 역사에서 인간이 개인이라는 지위를 획득한 것은 수많은 투쟁과 막대한 인적·물적 희생을 치르고 난 뒤의 일이다.

《표준국어대사전》은 개인을 '국가나 사회, 단체 등을 구성하는 낱낱의 사람'으로 정의한다. 또한 개인을 뜻하는 라틴어 'individuum(인디비둠)'에는 '나눌 수 없는 것'이라는 의미도 있다. 이런 관점에서 보면 개인으로서의 인간은 불가분의 존재, 독립된 존재, 고유성을 가진 존재, 유일무이한 존재이다.

따라서 인간을 개인으로 여긴다는 것은 '인간이 자기 삶의 주인이어야만 한다'는 사실을 함축한다. 이런 사실에 대해 프리드리히 니체 Friedrich Nietzsche라면 "그대 자신이 되어라!"라고 외쳤을 것이다. 인간이 자기의 주인으로서 삶을 영위한다는 말은, 그가 자신의 모든 것, 즉 느낌·감정·의식·사유·인식·이해·판단·선택·행동 등의 '주체'여야 한다는 의미이다. 게다가 그는 이 모든 것에 대해 법적·윤리적·도덕적 책임도 져야 한다.

이 같은 삶을 '주체적 삶'이라고 할 수 있으며, 마르틴 하이데거 Martin Heidegger의 용어를 빌리자면 '본래적 실존'이라고도 할 수 있다. 어쨌든 인간이라면 누구나 자기 삶의 주인이 되는 것이 언뜻 당연해 보인다. 그도 그럴 것이 모든 인간은 불가분의 존재, 독립된 개체, 곧 개인으로 존재하기 때문이다.

하지만 이런 당위성은 구호에 머물 공산이 큰데, 두 가지 이유에서 그렇다. 우선 주체적 삶을 결정하는 기준이 사람에 따라 다르다. '어떤 삶이 주체적 삶인가'에 대한 답은 각자의 주관적 판단에 달려 있으며, 따라서 그 답은 상대적이다. 그러므로 '어떤 삶이 주체적 삶인가'를 가늠할 일반적인 기준을 정하는 일은 대단히 어렵다. 아니, 거의 불가능하다.

그다음 이유는 이런 당위성의 실현을 보장해주는 마땅한 장치, 특히 강제적 장치가 현실에 없다는 것이다. 어떤 인간이 주체적 삶을 영위하지 않는다고 해서 그를 처벌할 순 없는 노릇이다. 인간이 주체적 삶을 영위해야만 한다는 것은 이런 이유로 자칫 이론적·사변적 차원에서나 유효한 구호가 되기 십상이다. 그렇다면 다음과 같은 질문을 던져보자. 구체적 현실에서 인간이 주체적 삶을 영위하는 것이 참으로 가능할까? 아니, 백번 양보해 그것이 가능하다고 해도 과연 예사로운 일일까?

'주체적으로 살고 싶다'고 많은 사람이 입버릇처럼 말한다. 자동인형과 같은 삶을 살고자 하는 인간은 아무도 없을 테다. 또한 주체적 삶은 곳곳에서 예찬되고 권장된다. 그런데 이는 역설적으로 많은 사람이 주체적 삶을 영위하지 못하고 있는 현실에 대한 고백이기도 하다. 우리 주위에서는 수동적 삶, 마지못해 사는 삶, 뭔가에 떠밀려 가는 삶, 누군가 또는 무언가의 '호명appel'에 따르는 삶, '대大타자le grand Autre'에 의해 이끌리는 삶에 대한 불만의 소리를 흔히 들을 수 있다.

또한 주체적으로 살아가기가 너무 힘든 탓에 이것을 포기하는 사람들도 없지 않다. 어쩌면 그런 사람들의 수가 반대의 경우보다 오히려 더 많을지도 모른다. 심지어 어떤 사회에서는 그 구성원들의 주체적 삶을 고의적으로 방해하기도 한다. 예컨대 전체주의 사회를 떠올려보라. 독일 출신 철학자 한나 아렌트Hannah Arendt는 전체주의의 특징으로 개인의 인격 말살, 자발성 파괴, 획일화 등을 든다.[1]

그런데 인간의 주체적 삶의 가치를 높이 평가하면서 평생 이런 삶을 주창하고 예찬하며 권장했던 사상가가 있다. '20세기를 자신의 세기로 만들었다'고 평가받는 장폴 사르트르Jean-Paul Sartre가 그 주인공이다. 주체적 삶을 주창한 그의 노력은 다음과 같은 사실로 더욱 관심을 끈다. 즉 그가 '인간은 자기 자신의 주인이 될 수 없다'고 강하게 주장하는 일군의 학자들과 동시대를 살았다는 점이다. 사르트르와 반대되는 주장을 펼친 학자들은 바로 정신분석학자들과 구조주의자들이다.

'주체적 삶'이라는 문제를 둘러싸고 정신분석학자들이라면 '무의식'을 거론하며 '나는 나의 집의 주인이 아니다', '나는 타자이다'라고 주장할 것이다. 또한 구조주의자들이라면 '인간은 자신을 에워싸고 있는 구조의 지배를 받기 때문에 자기 행위의 주인이 아니'라고 단언할 것이다. 하지만 사르트르는 이들에 맞서 인간의 주체적 삶을 끊임없이 예찬하고 권장한다.

사르트르의 이름은 실존주의, "실존주의는 휴머니즘이다"라는 표현, 시몬 드 보부아르Simone de Beauvoir, 계약결혼, 참여문학, 참여 지식인, 카페의 철학자 등 여러 대상과 연결되어 등장하곤 한다. 하지만 그의 이름을 듣고 많은 이가 가장 먼저 연상하는 단어는 '자유'일 것이다. 그를 부르는 또 다른 이름은 바로 '자유의 철학자'이다.

사르트르의 사유에서 인간의 기투·실존·행동·선택·실천 등의 기저에 놓여 있는 '자유' 개념은 주체적 삶과 동전의 양면처럼 떼려야 뗄 수 없는 관계이다. 자유는 인간이 주체적 삶을 사는 데 요청되는 필수불가결한 요건 가운데 하나이기 때문이다. 그렇다면 '자유의 철학자'는 '주체적 삶의 예찬자'와 동의어라고 할 수 있다.

사르트르는 인간의 자유가 지니는 절대적 성격을 강조한다. 그는 "인간은 자유롭도록 선고받았다", "인간은 자유롭지 않을 자유가 없다", "인간은 자유로움을 중지할 자유가 없다", "자유는 바다의 파도처럼 영구히 다시 시작된다"라고 단언한다. 하지만 그가 내세우는 자유는 '실제로 인간이 모든 것을 마음대로 할 수 있다'는 의미가 아니다.

이와는 달리 사르트르는 인간의 자유가 '상황 속의' 자유라는 점, 따라서 이 자유를 제한할 수 있고, 현실적으로 제한하는 여러 요인이 있다는 점을 항상 염두에 둔다.

그런데 자유가 이처럼 여러 요인으로 제한될 수 있고 또 실제로 제한된다면, 사르트르의 사유에서 인간이 자기의 주인으로서 주체적 삶을 영위하는 것은 불가능해지지 않는가? 그럼에도 사르트르는 주체적 삶을 예찬하고 권장한다. 그렇다면 다음과 같은 질문이 떠오른다. 인간이 주체적 삶을 영위하는 것을 어렵게 만들거나 불가능하게 만드는 요인들은 무엇인가? 사르트르는 주체적 삶이 가능하게끔 하기 위해 이요인들에 대해 어떤 극복책을 제시하는가? 그리고 사르트르의 사유에서 궁극적으로 인간의 주체적 삶을 결정하는 조건들은 무엇인가?

이런 질문들이 이 책을 가로지르는 문제의식이다. 거기에 답하기 위해 1부에서는 사르트르의 삶이 어떠했는지를 살펴본다. 특히 그의 삶의 변곡점에 해당하는 네 개의 주요 사건이 제시되는데 아버지의 때 이른 죽음, 청소년기의 폭력 체험, 보부아르와의 만남, 제2차세계대전이다. 1부는 이 네 사건이 사르트르의 사유에 미친 영향에 주목한다.

2부에서는 사르트르와 함께 인간의 주체적 삶을 향한 여정에 올라 우선 그가 인간을 어떤 존재로 이해했는지 알아본다. 자기 삶의 주인이 되는 주체는 다름 아닌 '인간'이기 때문이다. 사르트르 사상의 두 주요 노선에 해당하는 《존재와 무 L'Être et le néant》와 《변증법적 이성비판 Critique de la raison dialectique》을 중심으로 인간에 대한 그의 이해에 접근한다.

3부에서는 앞에서 살펴본 '인간에 대한 이해'를 바탕으로 주체적 삶을 어렵게 만드는 요인들과 그 극복책을 사르트르의 시각에서 따져본다. 그 과정에서 사르트르가 정신분석과 구조주의에 맞서 인간의 주체적 삶을 위해 제시하는 몇몇 개념들도 간략히 살펴볼 것이다. 그리고 결론 부분에서는 사르트르의 사유 내에서 주체적 삶을 영위하는 데 요구되는 몇몇 조건들을 제시할 것이다.

1부

사르트르의 삶을 들여다보다

·

1
영광과 오욕의 세월

장폴 사르트르는 1905년에 태어나 1980년에 세상을 떠났다. 그는 20세기를 대표하는 사상가로 알려져 있지만, 그가 20세기를 온전히 대표한다고 말하기는 어렵다. 지난 세기의 마지막 20년 동안 일어난 변화가 그 이전 80년 동안 일어난 변화보다 더 급격하고 크다고 할 수도 있기 때문이다. 하지만 20세기를 여전히 '사르트르의 세기'로 간주하는 사람도 많다.

대표적으로 현재 프랑스에서 활발하게 활동하며 BHL이라는 약자로 잘 알려진 베르나르앙리 레비Bernard-Henri Lévy는 2000년에 "사르트르의 세기Le Siècle de Sartre"라는 제목의 평전을 출간했다. 비록 필자는 이 책을 우리말로 옮기면서 "사르트르 평전"[1]이라고 제목을 붙였지만 말이다. 레비는 새로운 밀레니엄을 맞이하면서, 20세기 중후반 세계의 주요 사건들에 대해 쓴소리를 마다하지 않았던 사르트르를 그리워하는 마음을 담아 이 평전을 집필했다.

이처럼 20세기를 자신의 세기로 만들었다고 평가받는 사르트르는 다양한 직함으로 활동했다. 철학자·소설가·극작가·문학이론가·문학 평론가·예술평론가·정치철학자·에세이스트 등등, 그는 시인을 빼곤 인문학에 관련한 거의 모든 직함을 가졌다. 또한 그는 참여 지식인으로 프랑스 내외의 크고 작은 문제에 빈번하게 관여하기도 했다.

이같이 폭넓게 활동한 공적을 인정받아 사르트르는 1964년 노벨문학 상 수상자로 선정되었다. 그가 수상을 거부했지만, 어쨌든 그는 노벨문학상 수상자로 선정됨으로써 개인으로 누릴 수 있는 영광의 정점을 찍었다고 할 수 있다. 프랑스 시인 자크 오디베르티Jacques Audiberti는 사르트르에 대해 "지성의 전방위에 있었던 밤의 감시자이자 걸출한 일꾼"[2]이라고 말했다. 사르트르의 왕성한 활동력을 나타낸 적절한 묘사로 보인다.

하지만 사르트르는 지나치게 폭넓은 활동으로 인해 비판받기도 했다. 살아 있는 동안에 그는 프랑스에서 '가장 미움받는 사람'으로 여겨졌다. 예컨대 알제리전쟁이 한창 진행되던 1961년과 1962년에 그가 알제리 독립을 지지한다는 이유로 프랑스 비밀군사조직[3]이 그의 집에 두 차례 폭탄 테러를 가하기도 했다.

사르트르는 프랑스 철학자 미셸 푸코Michel Foucault로부터 '19세기의 인간관으로 20세기의 인간을 거론한다'는 비판을 받기도 했다. 지나치게 거시적인 관점으로 인간과 사회를 관찰하고 분석하며 이른바 '총체성'을 파악하고자 하는 도전은 무모하다는 것이다. 게다가 푸코는 사르트르의 지나친 인간중심주의를 비판하기도 했다. 푸코는 사르트르와는 달리 거시적 관점보다는 미시적 관점으로 사회와 권력을 관찰·분석하며, '주체의 죽음' 나아가 '인간의 죽음'을 내세우기 때문이다.

그뿐만이 아니다. 사르트르는 세상을 떠난 뒤 '과대망상증 환자'라는 소리를 듣기도 했다. 〈부이용 드 퀼튀르Bouillon de Culture〉[4]라는 TV 프로그램에서였다. 이 프로그램을 진행했던 프랑스의 언론인이자 문화평론가 베르나르 피보Bernard Pivot는 사르트르에 관련된 내용을 다루면서 그를 과대망상증 환자라고 지칭했다.

게다가 21세기에 들어와 사르트르에 대한 재평가가 이루어지고 있다. 그와 이념적 논쟁을 펼쳤던 알베르 카뮈Albert Camus, 레몽 아롱 Raymond Aron 등의 지위 회복과 맞물려 사르트르의 추락, 심지어 파문이 운위되기도 한다. 예컨대 사르트르가 창간을 주도했던 프랑스 일간지 《리베라시옹Libération》조차 그의 과거 실수를 지적한 바 있다. 2017년 7월 2일 자 이 신문에 다음과 같은 제목의 기사가 실렸다. "애석하다! 레몽 아롱이 옳았다."

"지옥으로의 하강"과 "재災로부터의 부활", 이것은 사르트르와 카뮈의 바뀐 위상을 지적하기 위해 프랑스의 한 연구자가 사용한 표현이다.[5] 이 연구자는 사르트르와 아롱의 바뀐 운명에 대해서도 거의 같은 표현을 사용했다. 이 연구자는 자신의 책의 서론에 "천국과 지옥 사이 Entre walhalla et hallali"[6]라는 상징적인 제목을 붙였다. 사르트르는 천국에서 지옥으로 떨어지고 있는 반면, 아롱은 지옥에서 천국으로 올라가고 있다는 의미이다.

이렇듯 다방면에서 활동했으며, 살아서도 죽어서도 엇갈리는 평가를 받는 영욕의 굴곡진 세월을 거쳐온 사르트르는 구체적으로 어떤 삶을 살았을까? 여기에서는 그의 삶 가운데 큰 변곡점에 해당하는 네 개의 사건을 통해 그의 삶의 여정과 사상을 형성한 주요 매듭을 살펴보고자 한다. 아버지의 때 이른 죽음, 청소년 시절의 폭력 체험, 보부아르와의 만남, 제2차세계대전과 전회를 차례로 들여다보자.

2
아버지의
때 이른 죽음

가장 중요한 사건

사르트르의 아버지는 장바티스트 사르트르Jean-Baptiste Sartre이다. 장바티스트는 1874년에 태어나 1906년에 세상을 떠났다. 불과 32년의 생애였다. 그는 이공계 그랑제콜Grandes Écoles(프랑스의 엘리트 고등교육기관) 가운데 하나인 에콜 폴리테크니크École Polytechnique를 졸업했다. 하지만 바다가 보고 싶어 해군사관학교에 들어가는 것이 소원이었던 그는 마침내 해군 장교가 되어 인도차이나 전쟁에 참여했다가 코친차이나 열병[7]에 걸리고 만다.[8]

이런 상태로 장바티스트는 1904년에 셰르부르[9]에서 안마리 슈바이

체르Anne-Marie Schweitzer를 알게 된다. 그는 "키가 크고 버림받은 처녀를 사로잡아 결혼해 아이 하나를", 즉 사르트르를 "재빨리 만들고는 죽음 속으로" 달아나버렸다.[10] 결혼한 지 2년째였고, 사르트르가 태어난 지 11개월 된 시점이었다.

　　장바티스트의 때 이른 죽음은 사르트르에게 큰 영향을 미치게 된다. 사르트르는 아버지의 죽음을 "내 삶의 큰 사건"[11]으로 규정한다. 아마도 가장 크고도 중요한 사건일 테다. 그는 일찍 죽은 아버지에 대해 양가적인 감정을 품게 된다. 지그문트 프로이트Sigmund Freud의 정신분석에서도 아버지는 아들과의 관계에서 이중의 상반된 지위를 차지하는데, 아들에게 아버지는 동일시의 대상이자 맞서 싸우고 물리쳐야 할 적으로 여겨지는 것이다.

긍정적 영향: 자유

사르트르가 태어난 지 채 1년이 안 되어 장바티스트가 죽었기 때문에 사르트르는 아버지로부터 억압이나 거세의 위협을 받지 않았다. 그래서 사르트르는 아버지의 죽음을 반긴다. 아버지가 죽은 덕택에 '자유'라는 긍정적인 결과를 얻었다고 그는 말한다.[12] 이것은 그가 아버지의 죽음을 다행으로 생각한다는 것을 보여준다. 게다가 그는 거의 후레자식이라 할 만한 태도로 아버지의 죽음을 회상한다.

　　사르트르는 먼저 아버지가 시의적절하게 죽었다고 생각한다. 만일 자기가 조금 더 나이를 먹었을 때 아버지가 죽었더라면, 그 죽음에 대해 자신이 죄의식을 느꼈으리라는 얘기이다. 하지만 다행스럽게도 아버지는 모든 책임을 스스로 짊어지고 떠났다는 것이 사르트르의 생각이다.

> 죽는 것이 다가 아니다. 알맞게 죽어야 한다. 아버지가 더 늦게 죽었더라면 나는 죄의식을 느꼈을 것이다. 철이 든 고아는 자신을 탓한다. 자기가 보기 싫어 부모가 천국의 아파트로 물러갔다고 생각한다. 나로 말하자면, 나는 기뻤다. 나의 불쌍한 처지로 인해 다른 사람들의 존중을 받고 그들로부터 중요하게 여겨졌기 때문이다. 나는 아버지 상실을 나의 한 가지 장점으로 여겼다. 아버지는 고맙게도 그의 잘못으로 죽었다.[13]

또한 사르트르는 아버지를 자기와 아무런 상관이 없는 사람으로 여긴다. 그에 따르면 아버지는 "아이를 얻기 위해 보통 필요한 몇 방울의 정액"을 흘린 것뿐이었다.[14] 특히 그는 아버지로부터 아무것도 물려받지 못했다고 생각하는데, 심지어 자신이 "기적의 아이"로 여겨졌다고 말한다. 이것은 그가 아버지와 아무런 관련이 없다는 것, 특히 아버지에게 아무런 부채 의식이 없다는 것을 의미한다. 그렇기 때문에 사르트르는 아버지의 사진이나 책 등을 아무런 감정 없이 내다버릴 수 있었다.

> 아버지란 사람은 그림자도 아니었고, 심지어 하나의 시선조차도

아니었다. 그와 나는 얼마 동안 같은 땅 위에 있었을 뿐이다. 그게 전부이다. 나는 죽은 사람의 자식이라기보다는 차라리 기적의 아이라는 말을 들었다. 그로 인해 내 심신이 믿기 어려울 정도로 가벼운 것일 게다.[15]

또한 사르트르는 일찍 죽은 아버지 덕분에 부권에 관련된 부정적인 요소들을 배울 기회가 없었다고 말한다. 예컨대 그는 자신이 명령과 복종을 수반하는 "권력이라는 암"에 걸리지 않았으며,[16] 만일 아버지가 살아 있었다면 "나를 짓뭉갤 것"[17]이라고 생각한다. 사르트르는 "훌륭한 아버지란 없다"[18]라는 사실을 법칙으로 여긴다. 그리고 자신의 아버지는 다행히 일찍 죽어 이 법칙을 가르쳐줄 기회가 없었다는 것이다.

나는 지도자가 아니고 또 그렇게 되자 바라지도 않는다. 명령하는 것과 복종하는 것은 같은 것이다. 가장 권위 있는 사람도 다른 사람의 이름으로, 아버지라는 거룩한 기생자의 이름으로 명령하고, 자기가 겪은 추상적인 폭력을 남에게 가한다. 나는 평생 웃음 없이 또 남을 웃기지 않고서는 명령을 내린 적이 없다. 그것은 내가 권력이라는 암에 걸려 있지 않았기 때문이다. 사람들이 내게 복종을 가르쳐주지는 않았다.[19]

또한 사르트르는 아버지의 때 이른 죽음과 자신의 "아주 불완전한 오이디푸스 콤플렉스"를 연결한다. 사르트르는 자신이 아버지의 권위에서 비롯되는 "초자아"를 갖지 못했고, 또 어머니를 두고 아버지와 다투는 과정에서 나타나는 "공격적인 성격"도 갖지 않았다고 말한다. 요컨대 자신이 아버지의 죽음으로 인해 폭력·증오·질투를 배우지 못했다는 것이다.

> 사실 아버지가 너무 서둘러 물러간 덕분에 내게는 아주 불완전한 오이디푸스 콤플렉스밖에 없었다. 초자아가 없었다. 동의한다. 하지만 공격성도 없었다. 어머니는 나의 소유였으며, 그녀를 조용히 소유하는 것을 누구도 반대하지 않았다. 나는 폭력도 증오도 몰랐고, 질투라는 그 괴로운 수련을 겪지도 않았다.[20]

부정적 영향

아무것도 아닌 아이

장바티스트의 때 이른 죽음이 사르트르에게 긍정적인 영향만 미치진 않았다. 앞에서 아버지는 아들과의 관계에서 이중의 상반된 지위를 갖는다고 했다. 아들은 아버지의 강한 힘에 의지하고자 한다. 사르트르의 표현을 빌리자면, 아들은 아버지의 이런 힘에 기대어 자신의 존재를 정당화하고자 한다. 아버지의 부재는 곧바로 아들의 존재론적 힘의 약화로 이어질 수 있다. 부재하는 아버지에 대한 아들의 아쉬움과 원망이 거기에 기인할 수도 있다.

사르트르의 경우도 예외는 아니다. 그는 《말Les Mots》에서 어른이 된 뒤 직접 목격했던 어떤 장면을 소개한다.

> 며칠 전, 식당에서 주인의 일곱 살짜리 작은아들이 회계 보는 여자에게 이렇게 외쳤다. "아버지가 안 계실 땐 내가 주인이야!" 바로 이게 남자라는 것이다! 하지만 내가 그 아이의 나이였을 때 나는 그 누구의 주인도 아니었고, 내겐 아무것도 없었다. 내가 드물게 잠깐 소란을 피울 때면 어머니는 나에게 이렇게 속삭이곤 했다. "조심해라! 여긴 우리 집이 아니야!" 우리는 우리 집에서 살아본 적이 없었다. 르고프가街에서도 그랬고, 후일 어머니가 재혼했을 때도 그랬다.[21]

이 장면에는 죽은 아버지에 대한 사르트르의 아쉬움과 원망이 잘 드러난다. 《말》의 원래 제목은 "무영토 장Jean sans terre"이다.[22] 여기에서 '땅terre'은 '아버지' 또는 '그에게서 물려받을 수도 있었을 모든 것'으로 보아도 무방하다. 그리고 사르트르의 사유에서 실존의 "주요 세 범주"[23] 가운데 '가짐Avoir'의 범주는 '있음Être'의 범주로 환원된다. 다시 말해 "내가 가진 것은 곧 내 존재이다"[24] 이렇듯 아버지로부터 아무것도 물려받지 못한 사르트르는 아무것도 아닌 아이였다.

앞에서 아버지 장바티스트의 때 이른 죽음이 사르트르에게 가져다준 긍정적인 영향을 살펴보았다. 자유의 획득, 초자아의 부재, 권력이라는 암에 걸리지 않음, 폭력·증오·질투에 대한 학습 면제 등이었다.

하지만 아버지의 죽음은 사르트르에게 부정적인 영향을 미치기도 했다. 아버지의 존재론적 힘에 의지할 수 있는 기회의 박탈, 아무것도 아니라는 존재론적 불안정 상태 등이다.

이런 부정적인 영향의 결과 가운데 하나는 풀루Poulou(사르트르의 어린 시절 애칭)가 가족 코미디나 유희의 세계 속으로 내동댕이쳐진 것이다. 어쩌면 이것이 아버지의 죽음으로 발생한 부정적인 영향 가운데 가장 크고 지속적인 것이 아닌가 한다. 특히 사르트르는 《말》에서 자신이 작가가 된 근본적인 이유가 바로 이 가족 코미디와 밀접하게 연결되어 있다고 회상한다.

어린아이들은 보통 어른들과의 관계에서 타자화되고 객체화되는 것을 피할 수 없다. 어른들은 아이들을 창밖에 내놓았다가 안으로 들이는 "화분"처럼 취급한다.[25] 이런 점을 감안해 보부아르는 르네 데카르트René Descartes를 따라 "인간의 불행은 어린 시절을 거쳤다는 데에서 기인한다"고 말한다.[26] 풀루의 경우도 예외가 아닐뿐더러, 어른들에 의해 타자화되고 객체화된 어린아이의 전형적인 예라고 할 수 있다.

장바티스트의 죽음으로 외갓집에 머물게 된 풀루 주위에는 세 명의 어른이 있었다. "열 살이 될 때까지 나는 한 늙은이와 두 여인 사이에서 홀로 지냈다."[27]고 사르트르는 회상한다. 한 늙은이와 두 여인이란 카를레마미Karlémamie[28]와 안마리이다. 어쩌면 이들이 장바티스트를 대신해 사르트르에게 제2의 아버지[29] 역할을 했을 것이다. 다시 말해 사르트르의 초자아 형성에 기여했을 것이다. 하지만 각자의 기여도는 다르다.

'외할아버지-신'과 가족 코미디 또는 유희

장바티스트가 죽은 뒤 풀루에게 가장 큰 영향을 준 어른은 외할아버지 샤를 슈바이체르Charles Schweitzer이다. 그는 풀루에게 아버지보다 더 아버지다운 역할을 했다. 샤를은 자기 자식들에게는 무서운 아버지였다. 그는 자식들을 평생 짓눌렀고, 사르트르도 자신이 샤를의 아들로 태어났다면 샤를이 자기에게 "복종"을 강요했으리라고 생각한다.[30] 하지만 그는 다행히도 샤를의 말년에 손자로 태어났다. 샤를에게 풀루는 "운명의 특별한 선물", "공짜이긴 했지만 언제 데려가버릴지 모르는 선물"[31]처럼 "소중한 존재"였다.[32] 그 덕택에 풀루는 샤를의 억압적인 힘에 짓눌리는 일을 피할 수 있었다.

하지만 "하느님 아버지"를 닮은[33] 샤를의 강한 존재론적 힘은 풀루를 가족 코미디나 유희의 세계 속으로 빠뜨리게 된다. 장바티스트로부터 아무것도 물려받지 못해 존재론적으로 빈곤한 상태이던 풀루는 자신의 존재를 정당화할 방법을 강구해야만 했다. 그가 택한 방법은 주위 어른들의 "환심을 사는 것plaire"이다.[34] 이를 위해 풀루는 어른들이 원하는 모습을 '연기해야 하는' 상황에 놓이게 된다. 그중에서도 특히 샤를 앞에서 끊임없이 연기를 해야 했다.

샤를은 그 당시에 유행한 '사진 찍기 놀이'와 '할아버지 노릇하는 놀이'에 심취해 있었다.[35] 이 두 놀이의 공통점은 '포즈 취하기'이다. 온 가족이 그의 취미를 북돋기 위해 공모하기도 했다.

저녁마다 길에서 우리가 그를 기다릴 때, 전차에서 쏟아져 나오는 승객들 무리에서 우리는 할아버지를 금방 알아볼 수가 있었다. 큰 키에 무용 선생의 걸음걸이를 하고 있었기 때문이다. 그는 아주 멀리에서도 우리를 보면 '포즈'를 취했다. 보이지 않는 사진사의 지시를 따르는 것처럼 말이다. 바람에 수염을 휘날리고, 허리를 펴고, 두 발을 직각으로 벌리고, 가슴을 젖히고, 두 팔을 크게 펼친다. 이 신호에 나는 그 자리에 서고, 몸을 앞으로 기울인다. 나는 출발하는 달리기 선수가 되고, 사진기에서 막 나오려고 하는 작은 새가 된다. 우리는 작센 지방의 예쁜 쌍인형처럼 한동안 서로 마주 보면서 그렇게 서 있다. 그러다가 나는 할아버지의 행복이라는 꽃과 열매를 가슴에 안고 앞으로 달려간다. 숨이 가쁜 척하면서 그의 무릎에 가 부딪히면, 할아버지는 나를 땅에서부터 팔이 뻗는 데까지 하늘 높이 들어 올렸다가 가슴에 껴안고 "내 귀염둥이야!" 하고 속삭인다.[36]

이 장면은 가족 코미디의 한 장면에 불과하다. 사르트르는 자신의 어린 시절이 가족 모두가 참여하는 코미디나 유희의 연속이었음을 밝힌다. "우리는 수많은 장면이 담긴 풍성한 연극을 하곤 했다. 가벼운 희롱, 곧 풀리는 오해, 악의 없는 농담과 부드러운 꾸짖음, 애정 어린 원망, 다정한 비밀 만들기, 정열……."[37] 이런 사실을 회상하면서 사르트르는 어렸을 때 자신의 모습을 강아지에 비유한다. "나는 전도유망한 한 마리 강아지였다."[38] 주인의 관심을 끌기 위해 꼬리를 맹렬히 흔드는 개 한 마리를 상상해보라!

하지만 문제는 이런 가족 코미디가 풀루에게 강요되었다는 점이다. 어른들은 그에게 삶의 권리를 부여해줄 수 있는 일종의 '재판관들'이었다. 그들이 최고 심급의 재판관, 즉 일찍 죽어버린 장바티스트보다 낮은 심급의 재판관들이어도 상관없다. 풀루는 그들로부터 삶의 이유, 곧 존재이유를 부여받아야 할 필요가 있었던 것이다. 그에게는 가족 이외의 다른 재판관들이 눈에 띄지 않았다. 물론 그중에서도 '외할아버지-재판관'의 권위가 가장 강했다.

> 내게 필요한 것은 최고재판소, 내 권리를 회복시켜줄 선고였다. 하지만 그 법관들은 어디에 있는가? 내가 태어나서 얻은 법관들은 서투른 광대 노릇으로 인해 이미 내 신뢰를 잃고 말았다. 나는 그들을 기피했다. 하지만 나는 다른 법관들을 보지도 못했다.[39]

작가 위임장 전달식

사르트르는 자신이 작가가 된 결정적인 계기가 바로 이 가족 코미디에서 비롯되었음을 밝힌다. 그는 최고의 권위를 가진 재판관 외할아버지로부터 작가가 되어도 좋다는 '위임장'을 받았다고 생각한 것이다. 그 출발점에는 코미디가 있었다. 풀루는 글도 모르면서 책을 '읽는' 척 연기했다. 또한 그는 다른 사람들의 글을 베끼면서 뭔가를 '쓰는' 척하는 연기도 했다. 《말》이 '읽기Lire'와 '쓰기Écrire'라는 제목이 붙은 두 부분으로 구성되었다는 사실을 짚고 넘어가자.

어느 날, '칼'[40]은 풀루와 면담을 했다. 칼은 그때 쓰기 놀이에 푹 빠져 있던 풀루의 머릿속에서 '작가가 되겠다'는 싹을 아예 싹둑 잘라버리기 위해 풀루에게 작가의 곤궁함을 미리 보여주려고 했다. 또한 칼은 '작가가 되고 싶다면 안정적인 교수 생활(칼은 독일어를 가르치는 교육자였다)을 병행하는 것이 좋을 것'이라고 충고했다.

어느 날 저녁, 할아버지는 나와 남자 대 남자로 이야기하고 싶다고 했다. 두 여인이 물러났다. 그는 나를 무릎 위에 앉히고 엄숙하게 말했다. "네가 글을 쓰겠다니 그건 알겠다. 나는 네가 하고 싶은 것을 못 하게 할 사람이 아니라는 것은 너도 잘 알 테니 걱정마라. 그렇지만 상황을 명석하게 정면으로 바라보아야 한다. 문학으로는 먹고살 수 없단다. 유명한 작가들이 굶어 죽었다는 것을 너는 아느냐? 또 그중에는 밥을 얻어먹기 위해 지조를 팔아버린 자들도 있단다. 독립을 원한다면 제2의 직업을 갖는 것이 좋을 게다. 교수 생활을 하면 여유가 있단다. 교수의 일과와 문인의 일과는 서로 겹쳐. 그러니 너는 한 성직에서 다른 성직으로 옮겨 갈 수가 있을 게다.[41]

두 사람의 면담 결과는 나중에 현실에서 칼의 의도대로 나타난다. 사르트르가 후일 작가가 되었고 또 철학 교수자격시험agrégation에도 합격했기 때문이다. 그는 나중에 작가의 길을 가기 위해 교수직을 포기하는데, 자기가 작가가 되고 교수가 된 것이 칼과의 면담을 잘못 해석한 결과라고 여긴다.

《말》에서 사르트르는 그때의 면담을 '작가 위임장'을 전달받는 의식으로 해석했다고 말한다. 하지만 칼의 원래 의도는 풀루에게 글을 쓰는 재주가 없다는 것을 일러주는 것이었다. 그런데 풀루가 칼의 의도를 잘못 이해해서 자신이 이미 작가로 인정받았다고 결론을 내려버린 것이다.

> 그가 내 직업을 언급한 것은 오직 그 결점을 강조하기 위해서였다.
> 그런데 나는 할아버지가 그것을 이미 확정된 사실로 인정해주었다
> 고 결론을 내려버렸다.[42]

앞에서 칼은 하느님 아버지를 닮았다고 했다. 하지만 풀루의 눈에는 칼이 하느님 아버지 그 자체였다. 사르트르는 이렇게 말한다. "나, 나는 모든 면에서 그에게 의존했다."[43] 따라서 풀루는 자신의 삶을 보장해주는 위임장을 어떻게든 칼로부터 받아야 했다. 그렇게 되면 풀루는 존재론적으로 불안정한 상태에서 벗어날 수 있을 테니까 말이다. 어쨌든 사르트르는 칼로부터 작가 위임장을 받았다는 오해가 자신이 작가의 길로 들어서는 결정적인 계기가 되었다고 밝힌다.

다만 한 가지 의문이 제기된다. 두 사람이 면담했을 때 풀루는 왜 칼의 말을 오해했을까? 이 의문에 대한 답은 '목소리'에 있다.

> 그날, 아주 계획적으로 거짓말을 하던 그 순간에 나는 왜 그 양반
> 의 목소리에 귀를 기울였을까? 그가 내게 하려던 말을 어떤 오해

로 인해 정반대로 들었을까? 그것은 그의 목소리가 달라졌기 때문이었다.[44]

앞에서 칼이 두 얼굴을 가졌다고 했다. 그런데 사르트르에 따르면 면담이 있던 날 외할아버지는 유희를 하고 포즈를 취하던 가벼운 '샤를'이 아니라 근엄하고 무서운 '칼'의 모습이었다.

> 만약 그날 샤를이 두 팔을 벌리면서 멀리서 "새로운 위고가 여기에 있군. 애송이 셰익스피어가 여기 있어" 하고 외쳤다면, 나는 오늘날 산업디자이너나 문학 교수가 되었을 것이다. 하지만 그는 그렇게 하지 않았다. 나는 처음으로 가장家長을 대했던 것이다. 그는 침울했으며, 나를 칭찬해주는 것을 잊은 만큼 더 존엄해 보였다. 그는 새로운 율법을, 나의 율법을 고하는 모세였다.[45]

이렇듯 아버지를 일찍 여읜 풀루의 앞길은 8~10세 때 칼에 의해 결정되었다. 그것도 되돌릴 수 없게 결정된 것이다. 위의 인용문에서 '모세'가 고하는 '율법'이라는 표현에 주목하자. 이것은 칼과의 면담 결과가 풀루의 완벽한 복종을 전제로 한다는 의미이다. 그런데 풀루의 복종은 일찍 세상을 떠난 장바티스트의 죽음으로 얻게 된 자유라는 긍정적인 결과와는 정반대되는 부정적인 결과, 그것도 가장 부정적인 결과에 해당한다고 할 수 있다. 왜 그럴까?

아버지와 아들 사이의 관계에서 아들은 어렸을 때 겪었던 아버지의 위협적이고 억압적인 권위를 이겨내고 성인이 되어 정상적인 삶을 살아가는 것이 보통이다. 이때 아버지와 아들의 역할 교대가 자연스럽게 이루어진다. 그런데 사르트르와 칼 사이에는 이런 역할 교대가 없다. 그도 그럴 것이 칼이 제정한 율법이 절대적이었기 때문이다. 사르트르는 장바티스트에게서 배우지 못했던 권위·복종·명령을 칼에게서 배웠다고 할 수 있다. 그것도 훨씬 더 강도 높게 말이다. 사르트르는 자신에 대한 칼의 끝없는 영향력을 이렇게 강조한다.

> 방향을 잃은 나는 칼에게 복종하기 위해 근면한 삼류 문사의 길을 받아들였다. 요컨대 나를 문학에서 멀어지게 하려던 그의 노력이 나를 문학의 길로 밀어 넣은 것이다. 그래서 오늘날도 기분이 울적한 날이면 이렇게 자문해볼 정도이다. '내가 그토록 많은 종이에 잉크 칠을 하고, 아무도 원치 않는 많은 책을 시장에 내놓으면서 그렇게 많은 밤낮을 보낸 것은 오직 할아버지의 환심을 사려는 유일하고도 광적인 소망 때문은 아니었을까' 하고 말이다. 그렇다면 그건 희극일 것이다.[46]

이렇듯 칼은 '장바티스트-아버지'보다 '칼-하느님-아버지'의 역할을 훨씬 더 잘 수행했다고 할 수 있다.[47] 이것은 사르트르에게 초자아가 없다는 것을 정면으로 부정하는 것이다. 그에게 초자아가 없다는 말은 친아버지 장바티스트로 인해 형성된 초자아가 없다는 말로 이해되어야 한다. 그런데 이것은 또한 사르트르가 자유의 철학자가 된 것이

'칼-하느님-아버지'와의 결사적인 투쟁의 결과물이라는 점을 역설적
으로 보여준다.

흔히 사르트르는 장바티스트가 일찍 죽은 대가로 자유를 얻었고, 사
르트르가 펼친 자유의 철학이 거기서 출발했다고 얘기한다. 하지만 사
르트르는 무조건적인 복종을 요구한 '칼-하느님-아버지'의 절대적인
권위에 맞서 싸우면서 힘겹게 자유를 쟁취한 것으로 보인다. 그러니까
사르트르가 펼친 자유의 철학은 장바티스트의 죽음 위에 무상으로 세워
진 것이 아니라 율법을 부여한 외할아버지와의 평생에 걸친 투쟁의 전
리품으로 여겨진다. 만일 그렇지 않다면 사르트르의 삶은 '칼-하느님-
아버지'의 환심을 사기 위한 끊임없는 코미디나 유희의 연속에 불과할
것이다. 사르트르가 작가가 된 한편 교수도 된 것까지 포함해서 말이다.

그렇다면 사르트르의 자유가 '칼-하느님-아버지'와의 투쟁의 결과
물이라는 근거는 어디에 있는가? 이 질문에 답하기 위해 다음 문장에
주목해보자. "나는 증여자인 동시에 증여물이다."[48] 이 문장에 담긴 답
은 바로 '증여don'이다. 사르트르에게서 증여는 독성이 배어 있는 행위
이다. 그는 '증여'를 "하나의 원초적인 파괴 형식"[49]으로 규정한다. 그
에 따르면 '주는 것'은 받는 자의 주체성을 탈취하고 파괴하는 것이다
(주는 행위의 의미에 대해서는 뒤에서 다시 다룰 것이다).

이와 같은 증여의 정의에 따르면 풀루가 그 자신을 증여자인 동시에
증여물이었다고 술회하는 것은 다음과 같은 의미로 해석할 수 있다. 풀
루는 자신을 어른들에게 주면서, 곧 자신을 "베풀면서"[50] 그들의 주체
성을 파괴하고자 했다고 말이다.[51] 그러니까 풀루는 결코 자기 자신을

베푸는 코미디나 유희만을 한 게 아니었다. 오히려 그는 아버지의 죽음으로 인해 존재론적 불안을 겪는 자기에게 코미디를 강요한 어른들을 상대로 복수를 도모했다. 복수의 목표는 당연히 어른들의 주체성을 파괴하는 것, 곧 그들을 객체화하는 것이었다.

물론 칼은 사르트르의 복수 대상 중에서도 가장 강했다. 따라서 복수하기 가장 힘든 상대였다. 칼에게서 거두는 승리의 의미는 사르트르의 자유와 주체성의 확보에만 그치지 않는다. 그 승리는 사르트르의 자유와 주체성의 극대화라는 의미를 지닌다. 이렇듯 사르트르에게서 자유는 장바티스트의 때 이른 죽음에 의해 거저 주어진 것이 결코 아니다. 오히려 그의 자유는 '칼-하느님-아버지'와 평생 지속한 투쟁의 결과였다.[52]

외할머니의 부정하는 정신

풀루가 외할아버지를 포함해 어른들의 환심을 사기 위해 가족 코미디나 유희를 펼쳐야만 하는 상황에서 외할머니 루이즈 기유맹Louise Guillemin의 역할은 아주 흥미롭다. 다만 사르트르는 《말》에서 루이즈에 대해 그다지 많은 지면을 할애하지 않는다. 하지만 루이즈는 샤를과 마찬가지로 풀루의 삶에 큰 영향을 미친 것으로 보인다. 게다가 그 영향은 샤를의 그것과는 반대되는 듯이 보인다.

사르트르는 《말》에서 샤를의 포즈 취하기, 꾸미는 태도 등과 같은 허세를 못마땅하게 생각한 유일한 인물로 외할머니를 꼽는다. 물론 루이즈가 풀루, 안마리와 함께 남편이 즐기는 가족 코미디나 유희에 종종 가

담한 것은 사실이다. 하지만 루이즈는 가족 코미디나 유희의 본질을 꿰뚫어 봤다. 가부장적 권위를 앞세우고, '광대 노릇'을 하는 남편을 대놓고 비난하지 못한 루이즈는 풀루의 코미디를 가차 없이 비판했다.

> 그곳은 천국이었다. 아침마다 나는 기쁨에 겨워, 세상에서 가장 아름다운 나라에서, 가장 단란한 집에서 태어났다는 기막힌 행운을 찬양하면서 눈을 뜨곤 했다. 만족하지 못하는 자들을 보면 낯이 찡그려졌다. 그들은 무엇을 불평하는 것일까? 그들은 말썽꾼들이다. 특히 할머니가 가장 큰 걱정을 안겨주었다. 그녀가 내게 충분한 칭찬을 해주지 않아 괴로웠다. 사실, 루이즈는 내 속을 꿰뚫어 보았다. 남편의 광대 노릇을 감히 비난하지 못했던 그녀는 나에게는 그런 비난을 드러내놓고 했다. 나는 어릿광대, 꼭두각시, 사기꾼이었다. 그녀는 나에게 '가면극'을 그만두라고 명령하곤 했다.[53]

이런 태도로 인해 루이즈는 "항상 부정하는 정신"[54]의 상징으로 여겨졌다. 또한 루이즈는 '볼테르주의자'로 행세하기도 했다. 볼테르주의자의 특징은 비판·회의·관용 등이며, '볼테르주의의voltairien'라는 단어는 무신앙적·반교권적·불경한·회의적·조소적 등의 의미로 사용된다. 그런데 루이즈에게 해당하는 부정하는 정신과 볼테르주의자라는 두 요소가 사르트르와 무관하지 않다는 점은 흥미롭다.[55]

활발하고 얄밉지만 쌀쌀한 그녀의 사고방식은 올곧고도 잘못된 것이었다. 왜냐하면 남편이 선량한 생각을 하면서도 비뚤어져 있었기 때문이었다. 남편이 거짓말쟁이이면서도 어수룩했기 때문에, 그녀는 모든 것을 의심했다. "자기들은 지구가 돌고 있다고들 하지만, 뭘 안다고 그러는 거야?" 점잔을 빼는 희극배우들에게 둘러싸여 있던 그녀는 점잖은 짓과 연극을 싫어하게 되었다. 거친 정신주의자들의 집안에서 헤매고 있는 이 섬세한 현실주의자는 반발심으로 볼테르를 읽지도 않고서 볼테르주의자를 자처했다. 귀엽고 통통하고 시니컬하고 쾌활한 그녀는 순수한 부정이 되고 말았다. 눈살을 찌푸리거나 엷은 미소로 그들의 허장성세를 샅샅이 부숴버렸지만, 그것은 자기 자신을 위한 것일 뿐 아무도 그것을 알아차리지 못했다. 교만스러운 부정과 이기적인 거부가 그녀를 사로잡았다.[56]

이렇듯 루이즈는 사르트르의 삶에 작지 않은 영향을 주었다. 심지어 샤를과 마찬가지로 풀루의 초자아 형성에 기여하면서 제2의 아버지 역할을 나름대로 수행했다. 게다가 루이즈는 책 읽는 것을 무척 좋아했다. 주로 통속소설을 읽었지만 말이다. 사르트르는《말》에서 루트비히 비트겐슈타인Ludwig Wittgenstein의 철학 책을 읽는 것보다 추리소설 읽는 것을 더 좋아한다고 말한다.[57] 이런 점에서도 사르트르에게 끼친 루이즈의 영향이 잘 드러난다.

풀루의 성장 과정에서 루이즈가 수행한 제2의 아버지 역할은 샤를의 그것과 비교하면 상대적으로 미미했다고 할 수 있다. 하지만 샤를이 강한 율법을 부과하면서 풀루를 가족 코미디의 세계로 빠뜨린 반면, 루이즈는 오히려 부정·회의의 정신과 독서 취향 등의 면에서 풀루의 인격 형성에 어느 정도 긍정적인 영향을 주었다고 할 수 있다.

보호 대상 미성년자 또는 어머니

풀루 주위에는 또 한 명의 어른인 어머니 안마리가 있었다. 안마리는 샤를과 루이즈에 비해 사르트르의 삶에 큰 영향을 미치지는 못했다고 할 수 있다. 남편의 죽음으로 인해 "사슬"에 묶여버렸기 때문이다.[58] 안마리는 풀루와 마찬가지로 남편으로부터 아무것도 물려받지 못해 경제적인 문제에 봉착했고, 이 문제를 해결하기 위해 친정으로 돌아갈 수밖에 없었다. 시집간 지 얼마 지나지 않아 아이를 안고 돌아온 딸을 친정에서 반길 리 만무했다.

사르트르는 이때의 상황을 되돌아보면서 어머니와 자기는 외갓집에서 두 명의 "미성년자"였다고 술회한다. 특히 안마리는 샤를과 루이즈에게 종속된 상태에서 불편하게 지내게 된다.

> 이 청상과부가 다시 미성년자, 즉 흠집 있는 처녀가 되기 위해서는 오랜 시간이 필요하지 않았다. 부모는 그녀에게 일부러 용돈을 안 주려고 한 것은 아니었다. 용돈 주는 것을 잊어버리고 말았다. 옷이 닳아 실밥이 보일 때까지 할아버지는 그녀에게 옷을 새로 구입해줄 생각을 하지 않았다. 혼자 외출하는 것도 겨우 용인될 뿐이었다. 대부분 결혼한 옛 친구들이 그녀를 저녁 식사에 초대하고자 할 때는 미리 허락을 청하고, 밤 10시 전에 데려다주겠다고 약속을 해

야 했다. 한창 식사 중이라도 초대한 집의 주인은 식탁에서 일어나 그녀를 마차로 바래다주어야 했다. 그 사이에 잠옷 차림의 할아버지는 손에 시계를 들고 침실을 왔다 갔다 했다. 밤 10시를 알리는 소리가 그치자마자 그는 호통을 쳤다. 초대받는 일은 더욱 드물어지고, 나의 어머니는 그런 비싼 대가를 치르는 쾌락을 혐오하게 되었다.[59]

사르트르는 안마리와 자기의 관계가 외조부모와의 수직적 관계와는 달리 수평적이었다고 술회한다. 사르트르는 안마리와의 관계를 두 명의 "아이들"의 관계, 미성년자들의 관계 또는 오누이의 관계로 여겼다.[60] 오이디푸스 콤플렉스의 관점에서 보면 풀루는 경쟁자인 장바티스트의 부재로 인해 안마리를 쉽게 소유할 수 있었다. 그러면서 풀루는 '안마리를 보호해주겠다, 커서 그녀와 결혼하겠다'고 생각하기도 한다.[61] 사르트르의 문학 작품에서 가끔 등장하는 근친상간 장면[62]이 연상된다.

이렇듯 남편의 죽음으로 인해 존재론적 힘이라는 면에서 풀루와 거의 같은 상황에 처해 있던 안마리는 풀루의 성장 과정에 거의 아무런 영향도 미치지 못했다고 할 수 있다. 다만 안마리는 조제프 망시Joseph Mancy와 재혼해 사르트르의 내면에 일종의 균열을 낸다. 사르트르가 프랑스 시인 샤를 보들레르Charles Baudelaire에 대한 '실존적 정신분석psychanalyse existentielle'[63]을 하면서 지적한 내용이다. 보들레르 역시 어머니가 자크 오피크Jacques Aupick와 재혼하면서 내적 균열을 느꼈다는 것이다.

하지만 사르트르는 《말》이나 다른 문학 작품에서 안마리에 대한 얘기는 거의 하지 않는다. 아마도 얘기를 하게 되면 자기를 버리고 재혼한 어머니를 원망하는 마음이 드러날 수도 있음을 염려한 듯하다. 어쨌든 장바티스트의 때 이른 죽음으로 인해 어려운 상황에 처한 안마리는 샤를과 루이즈와는 달리 사르트르의 삶에 큰 영향을 나타내지는 않았다.

3
라로셸에서의
폭력 체험

친구들의 텃세

사르트르의 삶에서 장바티스트의 죽음 다음으로 중요한 변곡점은 대서
양 연안에 있는 항구도시 라로셸La Rochelle에서 체험한 '폭력'이라고 할
수 있다. 앞에서 안마리가 조제프 망시와 재혼했다는 사실을 언급했다.
사르트르는 그들을 따라 라로셸로 가게 된다. 1917년의 일이다. 그때
사르트르는 12세로 청소년기에 막 접어들었으며 그 뒤 3~4년을 라로
셸에서 보낸다. 그는 이 시기를 자기 삶에서 "가장 불행했던 시기"[64]로
규정한다. 그는 이 시기를 "재 속에"[65] 묻어두길 바랐다. 실제로 《말》의
내용도 바로 이 시기 전에 중단된다.

사르트르는 왜 라로셸에서 보낸 시기를 자기 삶에서 가장 불행했던 시기로 규정했을까? 또 그는 왜 이 시기를 재 속에 묻어두길 바랐을까? 이 두 질문은 다시 이렇게 제기될 수 있다. 사르트르의 삶에서 라로셸 시기는 어떤 의미를 가질까? 이 질문에 대한 답은 크게 다음 두 가지 사실에서 찾을 수 있다.

첫 번째 사실은 만일 자기가 이 시기에 대해 뭔가를 말한다면, 안마리에 대한 원망을 드러낼 수도 있다는 사르트르의 우려와 관련된다. 앞에서 안마리는 풀루의 성장 과정에 큰 영향을 주지는 못했지만, 어머니의 재혼이 사르트르의 내부에 균열을 발생시켰다는 사실을 언급한 바 있다. 여기에 더해 사르트르는 오이디푸스 콤플렉스의 관점에서 장바티스트와의 경쟁 없이 어머니를 조용히 소유했다고 말한다는 점도 지적했다.

이런 상태에서 사르트르는 당연히 의붓아버지 망시가 안마리를 자기에게서 빼앗아 갔다고 생각했다. 아니, 안마리가 자기를 내팽개치고 망시에게 가버렸다고 생각했다. 실제로 사르트르는 망시를 자기 집의 "침입자"[66]로 여겼다. 그리고 그는 엔지니어였던 망시 때문에 수학은 물론 이공계 과목을 싫어했다. 만일 사르트르가 라로셸에서 체험한 일들을 모두 얘기한다면, 당연히 그는 안마리에 대해 좋지 않은 감정을 토로할 수밖에 없었을 것이다.

두 번째 사실은 사르트르의 다음과 같은 단언과 관련된 것이다. 바로 "인간관계는 폭력에 의해 정초된다"[67]는 주장이다. 사르트르는 이것을 라로셸에서 배웠다고 술회한다. 또한 이것이 그의 미래의 삶에 지워지지 않는 흔적을 남겼다고 말한다. 뒤에서 자세히 보겠지만 사르트르의 사유에서 인간관계는 개인 차원뿐만 아니라 집단 차원에서도 폭력과 밀접하게 연결된다. 그런 만큼 인간관계가 폭력에 의해 정초된다는 것을 사르트르가 라로셸에서 어떤 과정을 거쳐, 어떻게 배우게 되었는지를 알아보는 일은 그의 삶과 사유를 이해하고 설명하는 데 큰 도움이 될 테다.

사르트르는 파리에서 라로셸로 옮긴 뒤에 새로운 학교에 들어가서 친구들을 사귀게 된다. 사르트르의 회상에 따르면 라로셸에서 그는 친구들의 텃세의 희생자, 곧 그들의 "놀림감"[68]이 되는 신세를 면치 못했다. 다시 말해 그들이 폭력을 가하는 대상이 된 것이다. 사르트르는 파리에서 체류할 때 싸움을 해본 적이 거의 없었다. 그는 "평온한" 어린 시절을 보냈다고 술회한다.[69] 풀루가 장바티스트의 죽음으로 폭력·증오·질투·공격성 등을 배우지 못했다는 사실을 기억하자. 물론 파리에서 학교를 다니면서 그도 친구들과 주먹다짐 정도는 해보았지만 라로셸에서는 사정이 전혀 달랐다.

사르트르는 라로셸에 두 부류의 학생들이 있었다고 회상한다. "훌륭한 아버지를 둔 학교, 종교 학교"에 다니는 학생들과 "학교를 등한시하는 불량배들"이다.[70] 후자에 속한 학생들은 매우 거칠었다. 1917년에는 제1차세계대전이 한창이었다. 그러니까 학생들은 전쟁을 내면화할 수밖에 없었던 것이다. 사르트르가 다니던 학교의 학생들은 불량배들이 되어버린 다른 학교 학생들과 자주 싸움을 했다. 사르트르도 역시 다른 학교 학생들과 싸워야 했고, 또 그가 다니던 학교의 학생들과도

선의의 경쟁을 해야 하는 입장이었다.

　불량배가 되어버린 학생들과의 싸움에서 사르트르가 큰 성과를 거두기란 불가능했다. 그는 체구도 작았고, 파리에서는 싸움을 해본 적이 거의 없었다. 그렇다 보니 같은 학교에 속한 학생들과의 관계에서 싸움 실력을 발휘해 그들의 위계질서에서 높은 곳을 차지하는 것도 거의 불가능했다. 따라서 사르트르는 학생들의 놀림감, 곧 폭력의 대상이 될 수밖에 없었다. 한 집단에서 구성원들 대다수의 놀림감이 된다는 것은 아주 괴로운 일임에 틀림없다. 사르트르는 이런 일을 겪으면서 앞에서 언급한 단언, 곧 '인간관계가 폭력에 의해 정립된다'는 것을 체험했다.

　또한 사르트르가 라로셸에서 체험한 이와 같은 폭력의 비극성은 다음의 이유로 더 커진다. 이 체험이 그에게 평생 지워지지 않을 흔적을 남겼다는 것이다. 그 흔적은 두 가지 형태로 남았다. 하나는 《존재와 무》 차원에서 나와 타자 사이에 발생하는 갈등과 투쟁이다. 뒤에서 보겠지만 사르트르는 나와 타자 사이의 관계를 주체성의 위치를 선점하기 위한 투쟁으로 이해한다. 또한 사르트르는 《변증법적 이성비판》에서도 인간을 다른 인간들의 죽음을 추구하는 무서운 존재로 규정한다.

폭력에 대항하는 자구책

사르트르가 라로셸에서 체험한 폭력이 그의 삶에 남긴 흔적은 거기서 끝나지 않는다. 이때의 체험을 통해 사르트르는 폭력을 극복하는 데 다음과 같은 세 가지 방법을 사용하게 된다. 수동적 방법, 폭력을 통한 적극적 방법, 상상력과 언어에 호소하는 방법이다.

라로셸에서 새로운 친구들의 놀림감이 되었을 때, 사르트르는 친구들이 가하는 폭력에 주로 수동적인 태도를 취했다. 사르트르가 친구들과 어울리면서 학교생활을 원만히 하고, 또 그들의 집단에서 필요한 존재가 되기 위해서는 그들의 폭력을 감내하는 것 말고는 다른 방법이 없었다. 하지만 이것은 참다운 의미에서 폭력을 극복하는 방법이 아니다.

그다음으로 사르트르는 친구들의 폭력에 적극적으로 대항하고자 했다. 하지만 이 방법으로 큰 효과를 보진 못했다. 앞에서 언급했듯이 그는 체구도 작고 싸움도 잘하지 못했기 때문이다. 이는 기존의 폭력을 다른 폭력으로 극복하기 위해서는 필요한 조건을 두루 갖춰야 한다는 점을 보여준다.

마지막으로 사르트르는 상상력을 발휘해 언어로 친구들의 폭력에 대항하고자 했다. 그 당시 그와 친구들의 나이를 고려하면 연애담이 가장 관심을 모으는 주제였다. 사르트르는 파리에서 컸고, 누구보다도 이야기를 지어내는 재주가 뛰어났다. 이런 재주로 그는 친구들에게 파리에서 이미 연애를 해봤다고 거짓말을 하게 된다.

> 무엇보다도 처음에, 나를 돋보이게 한다고 생각하면서—그들 모두 재미를 봤다고 하는 자신들의 여자 친구나 여자에 대해 말했어요—, 나 역시 여자 친구가 있다는 이야기를 지어낼 생각을 했어요. 그래서 친구들에게 파리에서 호텔로 같이 자러 간 애인이 있다

고 말해버렸어요(11세였어요!).**71**

거짓말이 효과를 거두자 사르트르는 상상력을 동원해 가정부와 짜고 연애편지를 써서 자기에게 붙이는 방법을 사용한다. 하지만 꼬리가 길면 밟히는 법. 운 나쁘게도 가정부가 쓴 편지가 친구들의 손에 들어가는 참사가 일어난다. 이 편지 사건으로 사르트르는 친구들로부터 더 심하게 따돌림을 당하게 된다. 거짓 연애편지는 친구들의 따돌림에 맞서기 위해 사르트르가 그들에게 던진 일종의 '언어 폭탄'이라고 할 수 있다. 하지만 이 언어 폭탄이 진실을 결여할 때는 아무런 효과가 없다. 오히려 역효과가 나는 위험을 감수해야 한다.

이것은 후일 사르트르가 '참여문학론'에서 제시하게 될 기존의 폭력에 대한 '언어적 대항폭력'의 전신前身이라고 할 수 있다.**72** 이 경우에도 현실에 대한 정확한 진단과 파악이 전제되지 않는다면 문학은 한낱 언어유희에 불과할 공산이 크다.

4

보부아르와의
만남

계약결혼

라로셸에서의 폭력 체험에 이어 사르트르의 삶에서 주목할 만한 또 하
나의 사건은 보부아르와의 만남이다. 두 사람은 1929년에 만나 사르트
르가 세상을 떠난 1980년까지 51년 동안 일심동체였다. 두 사람의 나
이 차는 세 살인데, 사르트르가 1905년에 태어났고 보부아르는 1908년
에 태어났다.

두 사람은 1929년 7월에 만났다. 둘은 프랑스에서 어렵기로 정평
이 나 있는 교수자격시험 철학 분야의 구두시험을 준비하고 있었는데,
사르트르는 1년 전 이 시험에 응시했다가 떨어져 재수를 하고 있었다.

이렇게 만난 사르트르와 보부아르는 1929년도 시험에서 각각 수석과 차석으로 합격하고 얼마 안 되어 '계약결혼mariage morganatique'을 하게 된다.

'mariage morganatique(마리아주 모르가나티크)'라는 프랑스어 표현에서 'morganatique'는 사전적으로 '귀천상혼貴賤相婚의'라는 의미이다. 즉 신분이 높은 사람과 신분이 낮은 사람이 하는 결혼이다. 따라서 'mariage morganatique'는 '계약결혼'보다는 오히려 '강혼降婚'으로 번역하는 것이 더 정확할 듯싶다.[73] 어쨌든 사르트르와 보부아르는 계약결혼 상태로 반세기 넘는 시간을 함께했다. 두 사람은 죽어서도 파리에 있는 몽파르나스 공동묘지에 나란히 묻혔다.

하지만 사르트르와 보부아르의 관계는 단순히 이와 같은 남녀 결합의 한 형태인 계약결혼에만 국한되지 않는다. 사르트르의 삶에서 두 사람의 관계가 지니는 의미를 파악하려면 계약결혼의 본질적인 의미가 무엇인지를 살펴보는 것이 중요하다. 두 사람은 계약결혼을 통해 그들의 사유에서 실현 불가능한 것으로 여겨지는 이상적인 인간관계, 이상적인 의사소통의 구현을 목표로 했던 듯하다. 이것은 그들이 내건 계약결혼의 조건을 보면 알 수 있다.

그 조건은 크게 다음 세 가지이다. 첫째, 두 사람의 사랑은 필연적인 사랑으로 인정하고, 각자가 살아가면서 하게 되는 우연적인 사랑에 대한 권리를 서로에게 인정한다. 둘째, 두 사람은 서로 모든 것을 털어놓고 말한다. 셋째, 경제적으로는 서로 독립한다. 이 세 조건 가운데 가장 중요한 조건은 앞의 두 가지이다. 이 두 조건을 더 면밀히 살펴보자.

이상적 인간관계

사르트르에게서 '사랑'은 나와 타자 사이에 맺어지는 '구체적 관계들' 가운데 하나이다.[74] 뒤에서 자세히 보겠지만 사랑은 이것에 참여하는 두 사람이 모두 주체성의 상태에서 맺는 관계로 이해된다. 사르트르에 따르면 사랑은 인간들 사이에서 정립되는 가장 이상적인 관계이다. 다시 말해 사랑의 관계는 '우리-주체nous-sujet'의 형성을 겨냥한다. 하지만 사르트르의 사유에서 인간들의 관계는 항상 주체성을 두고 서로 싸우며 갈등과 투쟁으로 치닫는 것으로 이해된다. 그렇기 때문에 우리-주체의 형성을 겨냥하는 사랑이야말로 인간들 사이에서 정립될 수 있는 가장 이상적인 관계로 여겨지는 것이다.

그런데 사르트르는 사랑의 관계가 궁극적으로 실패에 귀착하고 만다고 주장한다. 그 이유 가운데 하나는 사랑이 자기기만적 관계라는 것이다. 사랑하는 자는 사랑받는 자가 주체성의 상태에 머물러 있기를 원한다. 그러면서도 사랑하는 자는 사랑받는 자에게 자신을 사랑해줄 것을 요구한다. 하지만 사랑받는 자가 상대의 요구에 응해 그를 사랑하게 되면 더 이상 주체성의 상태에 있지 않게 된다.

가령 사랑하는 자는 사랑받는 자의 육체를 사랑의 증거로 소유하고자 원하는 경우가 있다. 이때 사랑받는 자가 자신의 육체를 사랑하는 자에게 허락한다면, 사랑하는 자는 자신의 목표가 이루어졌다고 생각하고 더 이상 사랑받는 자에게 관심을 쏟지 않는 경우도 종종 있다. 이런 경우에 사랑은 실패라는 게 사르트르의 주장이다.

또한 사르트르는 사랑이 제3자의 존재로 인해 실패로 끝난다고 주장한다. 앞에서 사랑의 목표가 우리—주체의 형성이라고 했다. 그런데 설사 사랑하는 자와 사랑받는 자가 우리—주체를 형성했다고 자기기만 속에서 믿는다고 해도 두 사람의 사랑은 실패라는 것이다. 왜냐하면 두 사람의 우리—주체는 제3자의 '시선'에 의해 '우리—객체'로 변하기 때문이다. 일상생활에서 이런 장면을 종종 볼 수 있다. 공공장소에서 지나친 애정 행각을 벌이는 커플이 그 좋은 예이다. 두 사람은 당연히 자신들의 사랑에 취해 우리—주체를 이루고 있다고 생각하지만, 그들의 모습이 다른 사람들의 눈살을 찌푸리게 하는 것이다.

사르트르와 보부아르의 계약결혼의 두 번째 조건은 언어에 관련한 것이다. 두 사람은 서로 모든 것을 터놓고 말하자는 조건에 동의했다. 이는 투명성이 전제된 조건이다. 사르트르의 사유에서는 언어 역시 사랑과 마찬가지로 나와 타자 사이에 맺어지는 구체적 관계들 가운데 하나이다. 언어 관계가 맺어지는 조건 역시 사랑과 동일하다. 언어 관계에 관여하는 두 사람 모두 주체성의 상태에 있어야 한다. 언어를 통해서도 역시 우리—주체의 형성을 겨냥한다.

만일 언어를 통해서 우리—주체가 형성된다면 나와 타자 사이에는 완벽한 의사소통이 실현될 것이다. 하지만 사르트르는 언어 관계는 성공과 실패라는 면에서 '유예 상태'에 있다고 본다. 왜 그럴까? 이 질문에 대한 답은 언어 자체가 완벽하지 못하다는 사실에 있다. 사르트르는 하이데거의 주장을 수용하면서 "나는 내가 말하는 것으로 존재한다"[75]라고 주장한다. 따라서 나는 타자와 언어 관계를 맺으면서 모든 기호를 통해 나의 존재를 표현하고 전달하고자 할 것이다. 하지만 이때 나는 나의 존재를 표현하고 전달할 언어가 완벽하지 않다는 사실을 알게 된다.

그렇기 때문에 나는 타자와 언어 관계를 맺으면서 나를 완벽하게 표현하지도 전달하지도 못한다. 타자 역시 내가 언어를 통해 전달한 메시지를 완벽하게 이해할 수 없다. 또한 그가 이해한 것을 나에게 완벽하게 표현하고 전달할 수 없다. 이때 그도 역시 언어가 부족하다는 것을 알게 된다. 또한 타자가 나에게 표현하고 전달한 것을 나 역시 완벽하게 이해하지 못한다. 이런 시각에서 보면 언어 관계는 실패로 귀착될 수밖에 없다.

하지만 사르트르는 이 언어 관계의 성공과 실패는 완전히 결정되지 않은 상태라고 주장한다. 내가 타자와 언어 관계를 맺으면서 나의 존재를 완벽하게 표현하고 전달하기 위해 노력하고, 타자도 나의 말을 이해하려고 노력하는 한편, 그가 이해한 것을 나에게 완벽하게 표현하고 전달하고자 노력하며, 나 역시 그의 말을 완벽하게 이해하려고 노력한다면, 나와 타자 사이에는 완벽한 의사소통이 이루어질 수 있는 길이 있기 때문이다. 따라서 사르트르는 언어 관계가 유예 상태라고 주장하는 것이다. 어쨌든 한 가지 분명한 것은 나와 타자 사이에 언어 관계를 통한 우리-주체의 형성 가능성이 최소한 이론적으로는 존재한다는 사실이다.

이것이 바로 사르트르와 보부아르의 계약결혼에서 '서로 모든 것을 터놓고 얘기한다'는 두 번째 조건에 함축된 의미이다. 그런데 이 조건은 단지 일상적인 대화에만 국한되지 않는 것으로 보인다. 철학자이자 작가인 두 사람은 저작의 구상과 출간 과정에서 함께 수많은 대화를 나눴다. 둘은 서로에게 '특권적인 대화 상대자'였다. 철학자나 작가가 자신의 생각을 정리하고, 작품을 구상하거나 집필하면서 다른 사람의 의견을 구하는 경우가 종종 있다. 대화를 통해 미리 생각의 타당성 여부를 검토하거나 작품의 완성도를 가늠할 수 있다면 훨씬 더 나은 철학적 사유를 발전시키거나 완성도 높은 작품을 쓸 수 있는 가능성이 커질 것이다.

실제로 사르트르와 보부아르는 서로를 '검열관', '인쇄 허가자'로 생각했다. 각자 상대방이 쓴 글의 첫 번째 독자였다. 두 사람은 서로의 글을 읽고 난 뒤 날카로운 비판과 토론을 했다. 그리고 마지막 단계에서 상대방의 글이 출간되어도 좋다는 최종 허락을 해주었다. 두 사람이 철학 교수자격시험에서 수석과 차석을 차지했을 정도로 뛰어난 지식과 지성을 겸비했다는 사실을 기억하자. 프랑스 국립 교원양성기관인 고등사범학교에 다니던 시절엔 자신의 생각을 점검하는 대화를 아롱과 나눈 사르트르가 보부아르를 만나고 난 뒤엔 보부아르를 대화 상대자로 삼았다고 할 수 있다. 이렇게 대화를 지속해간 바탕에는 계약결혼의 두 번째 조건, 즉 '모든 것을 서로에게 터놓고 말한다'는 사항이 자리 잡고 있는 것으로 보인다.

게다가 두 사람은 일상의 대화에서도 서로에게 존댓말을 썼다. 프랑스어에는 단수 2인칭 대명사로 두 종류, 'tu(튀)'와 'vous(부)'가 있다. 'tu'는 '너'에 해당하고, 'vous'는 '당신'에 해당한다. 그런데 두 사람은 서로를 지칭할 때 언제나 'vous'를 사용했다. 이것은 두 사람이 상대방을 온전한 하나의 인격체로 존중한다는 의미라고 볼 수 있다.

또한 사르트르와 보부아르는 편지를 주고받을 때 '나의 반쪽', '나보다 나를 더 잘 아는 사람' 등과 같은 표현을 사용했다. 그들은 이런 표현들에 단순히 연인들이 주고받는 애정 표현 이상의 의미를 부여한 듯이 보인다. 두 사람은 하나, 곧 우리–주체라는 이상적인 인간관계를 정립하기 위해 최선의 노력을 기울였다. 물론 두 사람은 계약결혼을 유지하면서 '우연적 사랑에 대한 인정' 조건으로 인해 여러 차례 파경의 위기에 봉착했다. 하지만 위기를 극복하고 51년 동안 일심동체의 상태를 유지한 것은 바로 이 계약결혼의 기저에 놓인 '이상적인 인간관계의 정립'이라는 목표 덕분이었다.

물론 이런 이유로 두 사람의 사유에서, 특히 보부아르의 사유에서 그만의 독립적인 영역이 있는가의 여부가 첨예한 문제로 제기된다. 사르트르 연구자들은 대부분 보부아르의 사유에서 사르트르의 영향이 지대하며, 그 결과 보부아르만의 독립적인 사유의 영역은 거의 없다고 주장한다. 반면 보부아르 연구자들은 사르트르의 영향이 있기는 하지만 미미하고, 보부아르에게는 고유한 사유의 영역이 있다고 주장한다. 심지어는 보부아르가 사르트르의 사유 형성에 지대한 영향을 주었다고 주장하는 연구자도 있다.

보부아르는 철학 분야에서 사르트르로부터 영향을 받은 점을 인정한다. 하지만 두 사람 사이에는 일방적인 영향이 아니라 상호 침투라고 할 수 있는 "삼투압" 현상이 있었다고 주장하는 연구자도 있다.[76] 문학 영역과 더불어 《제2의 성Le Deuxième Sexe》이나 《노년La Vieillesse》 등의 저서에서 나타나는 페미니즘·노인 문제 등과 관련해서 보부아르만의 고유한 영역이 있음은 당연하고 말이다.

  어쨌든 보부아르와의 만남은 사르트르의 삶에서 커다란 중요성을 띠며, 사르트르는 보부아르를 가장 소중한 '선물'로 생각했다. 물론 보부아르 역시 사르트르와의 만남을 자신의 인생에서 중요한 사건으로 여겼다.

5

제2차세계대전과
전회

사르트르는 《말》에서 이렇게 말한다. "나는 책에 둘러싸여서 인생의 첫 걸음을 내디뎠으며, 죽을 때도 필경 그렇게 죽게 되리라."[77] 우리는 이 말을 패러디해서 '사르트르는 전쟁 속에서 태어났고 전쟁 속에서 죽게 되리라'고 할 수 있다. 그만큼 사르트르의 삶은 전쟁과 밀접하다. 그는 청소년기에 제1차세계대전을 겪었고, 제2차세계대전에는 직접 참전했다. 그 뒤로도 한국전쟁, 알제리전쟁, 베트남전쟁, 중동전쟁 등에 직접적·간접적으로 관여했다.

　사르트르가 제1차세계대전 기간 중에 라로셸에서 경험한 폭력에 평생 영향받았다는 사실을 앞에서 지적했다. 여기에 더해 제2차세계대전은 그에게 더 큰 영향을 미치게 된다. 이 영향은 사르트르 스스로 자신의 삶이 두 부분으로 나눠졌다고 느낄 정도로 결정적이었다. 그는 자기의 삶이 제2차세계대전 이전과 이후로 나뉘며, 각 시기에는 다른 시기의 자기의 모습을 찾아볼 수 없다고 여러 기회를 통해 말한다.[78]

좀 더 구체적으로 사르트르는 제2차세계대전을 계기로 다음 세 가지를 알게 되었다고 술회한다. 역사적·사회적 존재로서의 인간의 위상, 인간들 사이의 연대성, 마르크스주의와 계급투쟁이 그것이다. 이를 차례로 살펴보자.

사르트르는 1939년을 자신의 삶에서 '전회conversion'의 해로 본다. 그해 이전에 사르트르의 관심사는 고립된 인간에 대한 이해였다. 이는 1938년 출간된 《구토La Nausée》에서 가장 명료하게 드러난다. 그는 이 작품의 제사題詞로 다음 문장을 인용한다. "그는 공동체적인 중요성은 전혀 없는 고작 한 개인에 불과한 친구였다."[79] 이 제사에서 볼 수 있듯이 이 작품의 중심인물인 로캉탱은 집단과 사회에 대해서는 무관심한 태도로 일관한다. 그는 오로지 세계에 있는 존재들을 이해하고자 하는 욕망과 자신의 존재를 정당화하고자 하는 욕망에 사로잡혀 있다. 또한 문학을 통한 구원의 가능성에 집중한다. 이러한 로캉탱은 사르트르의 분신으로 여겨진다.

하지만 사르트르는 1939년에 발발한 전쟁에 동원되는 일을 계기로 자신의 존재가 집단과 무관하지 않으며, 다른 구성원들과 동떨어진 존재가 아니라는 사실을 자각하게 된다. 자신의 존재가 사회적·역사적 차원에 서 있다는 사실을 알게 된 것이다.[80] 실제로 그는 전쟁 전에 "역사의 수레바퀴"를 돌리는 것을 거절하면서 그저 "반대의 미학", "부정의 ‘미학’”을 추구하고자 했다.[81] 요컨대 그는 문학을 통한 구원만을 추구했다. 이때의 사르트르는 방금 지적한 《구토》의 로캉탱과 다름없는 모습이었다.

그런데 전쟁에 동원되고 또 포로가 되어 포로수용소에 갇혀 생활하면서 사르트르는 자신의 존재가 지닌 사회적·역사적 차원을 자각하고, 곧이어 자신이 다른 인간들과 함께 얽혀 있다는 사실을 깨달은 것이다. 그때 깨달은 것 가운데 다른 인간들과 ‘우리’를 형성하는 것, 곧 모두가 ‘하나’가 되어 ‘연대성’을 구현할 수 있다는 사실에 사르트르는 큰 의미를 부여한다.

사르트르는 이와 같은 발견을 두 차례에 걸쳐 직접 경험한다. 한 번은 포로수용소에서 극작품을 무대에 올릴 때이다. 그는 포로수용소에서 절망과 불안에 떨고 있던 동료들의 사기를 진작시키기 위해 1941년 크리스마스에 〈바리오나 또는 고통과 희망의 유희Bariona, ou le jeu de la douleur et de l’espoir〉라는 극작품을 무대에 올리게 된다. 이때 그는 거기에 있던 모든 사람이 ‘하나’가 되는 것을 경험했다.

뒤에서 다시 보겠지만 이 경험은 그의 후기 사상을 집대성한 《변증법적 이성비판》에 등장하는 ‘융화집단groupe en fusion’이 형성되는 순간의 경험과 그 궤를 같이한다. 그는 이때의 경험을 바탕으로 후일 연극에 큰 관심을 갖게 된다. 물론 그가 자신의 철학적 사유를 극작품의 형태로 대중들에게 쉽게 소개하고자 하는 의도도 있었다.

다른 한 번의 기회는 파리가 독일군의 침략에서 해방될 때이다. 이때 사르트르는 지하에서 조국의 해방을 위해 투쟁했던 《콩바Combat》지에서 근무하는 카뮈의 부탁으로 해방된 파리의 모습을 취재하는 일을 맡게 된다. 이때 사르트르는 파리의 해방을 반기는 시민들이 형성한 융화집단을 경험한다. 뒤에서 다시 보겠지만 이때 파리 시민들이 형성한 '우리'는 1789년 프랑스대혁명 당시 바스티유 감옥을 공격하던 파리 시민들의 모습과 유사하다.

제2차세계대전은 사르트르에게 이와 같이 인간들의 연대성, '우리' 형성을 경험하게 했을 뿐 아니라 마르크스주의와 계급투쟁을 발견하는 계기가 되었다. 물론 그는 전쟁 전에도 《자본론》, 《독일 이데올로기》 등 카를 마르크스Karl Marx의 저작을 읽었다. 하지만 사르트르는 그때는 이 책들을 제대로 "이해하지 못했다"고 술회한다. 여기에서 '이해한다'는 말이 중요하다. 사르트르는 이 단어를 "자신을 변화시키고 스스로를 넘어서는 것"이라는 의미로 사용한다.[82] 제2차세계대전 당시 계급들의 존재와 계급투쟁이라는 구체적인 현실을 통해 마르크스주의를 제대로 이해하게 되었다는 것이다. 실제로 그는 《변증법적 이성비판》에서 마르크스주의를 자신의 실존주의와 결합하고자 시도하기도 한다.

이렇듯 제2차세계대전은 사르트르의 삶에서 커다란 영향을 미쳤다. 1939년부터 시작된 전회를 통해 그는 전쟁 이전의 '개인주의적 방관자'에서 '참여 지식인'으로 변신한다. 이렇게 해서 종전 이후에 참여의 시대를 활짝 열어젖힌 그는 인간을 인간답지 못하게 하는 수많은 기존의 불의를 척결할 것을 주장하면서 인간 해방의 기치를 높이 들게 된다.

2부

철학으로 인간을 이해하다

Jean-Paul Sartre

•

1
두 노선

사르트르는 인간의 주체적 삶에 관련된 문제들, 가령 주체적 삶은 어떤 삶인지, 이런 삶을 방해하는 요인들은 무엇인지, 또 이 요인들을 어떻게 극복해야 하는지 등을 검토하기 위해 먼저 '인간은 어떤 존재인가'를 묻는 작업부터 시작한다. 실제로 사르트르는 인간에 대한 이해를 평생의 목표로 삼는다. "나는 인간을 이해하고자 하는 정열을 가졌다."[1]고 말한 사르트르. 그가 시도한 인간에 대한 이해를 알아보며, 주체적 삶을 향한 여정을 떠나보자.

사르트르는 인간을 이해하기 위해 두 개의 노선을 선택한다. "현상학적 존재론"[2] 노선과 "구조적·역사적 인간학"[3] 노선이다. 전자는 《존재와 무》의 노선이고, 후자는 《변증법적 이성비판》의 노선이다. 앞에서 지적했듯 사르트르의 삶과 마찬가지로 그의 사유도 제2차세계대전을 기점으로 전·후기로 나뉜다. 전기 사유는 1943년 출간된 《존재와 무》로 대표되며, 후기 사유는 1960년 출간된 《변증법적 이성비판》(1권)⁴으로 대표된다.

사르트르는 실존주의 철학자로 알려져 있다. 그는 처음에는 이 칭호를 거부했다. 하지만 1945년에 한 "실존주의는 휴머니즘이다"라는 제목의 강연을 통해 그는 실존주의를 수용하고 그 대표적 철학자가 된다. 사르트르가 수용한 실존주의는 큰 틀에서 보면 그의 전기 사상이 집대성된 《존재와 무》의 여러 개념과 겹치고 또 공명한다.

여기에서는 이런 사실을 고려해 《존재와 무》, 같은 제목의 강연이 그대로 단행본으로 출간된 《실존주의는 휴머니즘이다L'Existentialisme est un humanisme》를 중심으로 사르트르의 전기 사유를 통해 이루어진 그의 인간 이해를 먼저 살펴보고자 한다(이 노선을 논의의 편의상 '실존주의 노선'이라고 부르자). 이어서 《변증법적 이성비판》에 집대성된 사르트르의 후기 사유를 중심으로 이루어진 그의 인간 이해에 주목할 것이다(이 노선을 '인간학 노선'이라고 부르자).

실존주의 노선의
인간 이해

인간 중심의 철학

먼저 《존재와 무》, 《실존주의는 휴머니즘이다》 등에서 제시되는 사르트르의 인간 이해를 살펴보자. 엄밀하게 말해 《존재와 무》에서 정립되는 현상학적 존재론과 《실존주의는 휴머니즘이다》 등을 통해 전개되는 무신론적 실존주의의 인간 이해가 정확하게 같진 않다.

현상학적 존재론은 '의식conscience'을 중심으로 이 세계에 있는 모든 존재의 의미를 탐구하고자 한다. 좀 더 구체적으로는 의식이 이 세계의 다른 존재들, 가령 사물들이나 다른 의식들과 맺는 존재 관계에 대한 현상학적 기술記述을 바탕으로 이 세계에 있는 모든 존재의 의미를 탐구하는 데 관심이 집중된다. 이에 비해 무신론적 실존주의는 '실존existence'을 중심으로 인간을 이해하고자 한다. 의식의 주체인 인간은 사물들·타자들과 관계 맺으며 이 세계를 해석·평가하는데, 그 바탕 위에서 이루어지는 '기투project'나 행동이 여기서 말하는 실존과 동의어이다.

하지만 사르트르의 사유에서 이 두 가지 시도를 통한 인간 이해는 서로 밀접하게 연결된다. 예컨대 현상학적 존재론 차원에서 기술되는 의식의 활동은 가장 근본적인 차원에서 이루어지는 기투의 한 양상이라고 할 수 있다. 다시 말해 의식이 '지향성intentionnalité'을 발휘하면서 (의식의 지향성은 뒤에서 다시 살펴볼 것이다) '무엇인가'를 선택하는 것은 실존주의에서 제시되는 선택·행동, 곧 실존에 속한다고 할 수 있다. 이런 이유로 여기에서는 두 가지 인간 이해 방식을 같은 것으로 여기면서 사르트르의 전기 사유에서 이루어지는 인간 이해를 살펴보고자 한다.

사르트르는 단번에 자신의 사유의 중심에 인간을 위치시킨다. 아니, 그보다는 오히려 인간을 이 세계의 중심에 위치시고 있다고 하는 편이 더 정확할 테다. 사르트르에 따르면 이 세계는 그 자체로는 무정형이고 아무런 의미도 가지고 있지 않다. 이 세계는 오직 인간과의 관련 속에서만 어떤 의미를 지닌다는 것이 사르트르의 주장이다. 그러므로 사르트르에 따르면 인간은 이 세계의 중심이 될 수밖에 없다.

나는 철학적 영역이 인간이라고 생각합니다. 다시 말해 다른 모든 문제는 인간과 관련해서만 생각될 수 있을 뿐입니다. 형이상학이든 현상학이든 간에 인간과의 관계에 의하지 않고서는, 세계 속에 있는 인간과의 관계에 의하지 않고서는 그 어떤 경우에도 문제가 제기될 수 없습니다. 철학적으로 세계에 대한 모든 것은 그 안에 인간이 존재하는 세계입니다. 즉 이 세계는 필연적으로 인간이 그 안에 있는 세계이고, 또 이 세계 속에서 존재하는 인간과 관련되어 있는 세계인 것입니다.[5]

플라톤Platon이나 아리스토텔레스Aristoteles의 이름을 거론하지 않더라도 철학의 출발점이 '경이'나 '호기심'이라는 사실은 잘 알려져 있다. 그런데 경이와 호기심의 대상이 되는 것은 다음 두 가지일 테다. 하나는 인간 자신이고, 다른 하나는 그를 에워싸고 있는 세계이다. 인간뿐만 아니라 그를 에워싸고 있는 이 세계는 놀랍고 신기한 일들로 가득하다. 모두 경이와 호기심의 대상이다. 그런데 이런 대상에 대해 경이와 호기심을 갖는 주체는 인간이 유일하다고 할 수 있다.

인간이 그 자신과 이 세계에 대해 갖는 경이와 호기심은 궁금증으로 이어진다. 궁금증을 품은 인간은 자신과 이 세계에 대해 질문을 던진다. 인간은 이 질문에 답하는 과정에서 자신과 이 세계의 비밀을 풀어나간다. 하이데거는 서양의 모든 형이상학은 소포클레스Sophocles가 쓴 희곡 〈안티고네Antigone〉에서 코러스가 부르는 노래의 한 소절에 오롯이 함축되어 있다고 말한다. "무시무시한 것이 많다 해도 인간보다 더 무서운 것은 없다네."[6]

이 소절에서 인간을 수식하는 '무서운'이라는 표현은 그리스어 단어 'δεινόν(데이논)'에 해당한다. 이 단어의 사전적 의미는 '무서운',

'끔직한', '무시무시한', '놀라운' 등이다. 이 단어는 크레온이나 안티고네[7]처럼 "때로는 악의 길을 가고, 때로는 선의 길을"[8] 가는 인간의 이중적인 면을 의미하기도 한다. 언어를 통해 다 표현할 수 없는 인간의 양가적인 마음 상태를 지칭하는 것이다.

그런데 인간을 이처럼 놀랍고 무서운 존재로 만들어주는 요소 중 하나는 분명 '사유 능력'이라고 할 수 있다. 그렇다. 인간은 생각할 수 있는 존재이다. 다시 말해 인간은 의식의 주체이다. 인간은 이런 자격으로 이 세계에 존재하는 것들과 관계를 맺음과 동시에 그것들에 의미를 부여하는 존재이다. 사르트르는 이런 의미를 고려하면서 인간을 '세계-내-존재l'être-dans-le-monde'로 규정한다.

이 세계에서 인간이 아닌 다른 존재가 의식을 지니고 사유 능력을 발휘할 수 있을까? 개나 고양이 같은 동물들이 주위의 세계를 호기심이 담긴 눈으로 바라보는 경우가 종종 있다. 그렇다고 이 동물들이 세계에 대해 질문을 던지고, 또 그것에 어떤 의미를 부여할 수 있을까? 그들이 의식, 곧 사유 능력을 가진다고 할 수 있을까? 이 물음에 긍정적으로 답하는 이들도 있을 테다. 또한 인간과 같은 사유 능력을 가진 외계인의 존재를 상정할 수도 있을 것이다. 하지만 이것들은 아직까지 확실하게 밝혀져 있지 않다.

따라서 우리는 엄밀한 의미에서 인간만이 의식의 주체, 사유의 주체, 따라서 경이와 호기심의 주체, 질문을 던질 수 있는 주체라고 단언할 수 있다. 블레즈 파스칼Blaise Pascal의 표현을 빌리자면 인간은 이 세계에서 연약한 존재, 나아가 비참한 존재임에 틀림없다. 하지만 파스칼은 인간의 위대함을 사유하는 힘에서 찾는다. 인간은 "생각하는 갈대"[9]인 것이다. 요컨대 인간은 사유 능력을 통해 만물의 영장으로서의 지위, 곧 이 세계의 중심을 차지한다.

사르트르 역시 이와 같은 서구 철학의 오랜 전통을 이어받는다. 실제로 아렌트는 《정신의 삶The Life of the Mind》에서 사르트르의 철학을 플라톤, 파르메니데스, 라이프니츠, 칸트, 셸링, 헤겔, 하이데거 등을 거쳐 내려오는 철학의 근본 문제, 즉 '왜 이 세계에는 아무것도 없지 않고 무엇인가가 있는가'라는 물음의 전통 위에 위치시킨다.[10] 그리고 방금 살펴봤듯이 사르트르는 이 물음을 던지는 주체가 바로 인간이라고 주장한다.

무신론적 실존주의 핵심 개념들

그렇다면 사르트르가 철학의 핵심 대상으로 여기는 인간은 어떤 존재인가? 우리는 주체적 삶을 둘러싼 사르트르의 사유를 파악하기 위해 이 물음과 더불어 대장정에 오른다. 그 과정에서 먼저 사르트르의 무신론적 실존주의를 관통하는 다음과 같은 핵심 개념들을 그의 현상학적 존재론과 교차시켜서 이해하고자 한다. '신의 부재', '존재의 우연성', '본질에 앞서는 실존', '의식의 지향성과 선택', '대자존재와 즉자존재', '인간의 기투의 자유와 무용한 정열', '대타존재' 등이 그것이다. 여기에서는 각각의 개념을 간단히 설명하고, 특히 대타존재에 대해서는 항목을 달리해 조금 더 상세히 설명하고자 한다.

신의 부재와 존재의 우연성

사르트르는 인간을 이해하기 위해 가장 먼저 신의 부재를 학문적 가정으로 내세운다. 하지만 그는 "신은 죽었다", "신이 존재하지 않는다"라고 결코 단언하지 않는다. 그는 표도르 도스토옙스키Fyodor Dostoevsky의 "만일 신이 존재하지 않는다면 모든 것은 허용될 것이다"라는 문장을 인용할 뿐이다.[11] 그럼에도 불구하고 사르트르의 실존주의는 신의 부재를 가정하는 '무신론적 실존주의'에 속한다. 반면에 신의 존재를 상정하는 '유신론적 실존주의'도 있다. 거기에는 파스칼, 쇠렌 키에르케고르Søren Kierkegaard, 가브리엘 마르셀Gabriel Marcel, 카를 야스퍼스Karl Jaspers 등이 포함될 수 있다.

그렇게 신의 부재라는 가정으로부터 인간을 포함한 이 세계의 모든 존재는 필연성이 아니라 '우연성contingence'의 지배 아래 놓인다는 사르트르의 주장이 도출된다. 왜냐하면 모든 존재는 신의 대大지적 기획 Grand Intellectual Design 밖에 놓이기 때문이다. 사르트르는 신과 모든 존재 사이를 이어주는 끈을 끊어버린다. 이제 모든 존재는 지금, 여기에 내던져져 있을 뿐이다.

신의 존재를 상정한다면 모든 존재는 고유한 '존재이유'와 '존재근거'를 가질 것이다. 그도 그럴 것이 모든 존재는 신의 의도에 따라 창조된 것으로 여겨지기 때문이다. 하지만 사르트르의 무신론적 실존주의에서 모든 존재는 우연적이고 또 무상적인 것gratuit으로 이해된다. 모든 존재는 필연성의 지배에서 벗어나 있으며 동시에 아무런 이유 없이, 또 아무런 대가 없이 그냥 여기에 내던져져 있는 것이다. 사르트르는 이와 같은 존재의 특성을 《구토》에서 로캉탱을 통해 다음과 같이 묘사한다.

> 본질적인 것, 그것은 우연성이다. 내가 말하고자 하는 것은 정의상 존재는 필연이 아니라는 것이다. 존재한다는 것, 그것은 단순히 '거기에 있는 것'이다. (……) 우연성은 가장假裝이나 흩어버릴 수 있는 외관이 아니다. 우연성은 절대이며, 따라서 완전한 무상이다. 모든 것이 무상이다. 이 공원도, 이 도시도, 그리고 나 자신도. (……) 이게 바로 '구토'이다. 이게 바로 속물들이 (……) 그럴 권리가 있다고 생각하며 감추고자 하는 것이다. 하지만 얼마나 가련한 거짓인가. 누구도 권리를 가지고 있지 않다. 그들은 다른 사람들과 마찬가지로 완전히 무상이고, 자신들이 여분의 존재임을 느끼지 않을 수 없다. 그리고 그들은 자신들의 내부에서도 은밀하게 '여분'이다. 다시 말해 무정형이고, 모호하고, 처량하다.[12]

본질에 선행하는 실존 또는 기투

사르트르에 따르면 모든 존재는 우연성과 무상성의 지배 아래 놓여 있다. 이 모든 존재 중에서도 인간은 특별한 취급을 받는다. 그 이유는 다음 두 가지이다. 하나는 인간이 의식의 주체라는 것이고, 다른 하나는 인간에게서는 실존이 본질에 선행한다는 것이다. 여기에서는 두 번째 이유를 먼저 살펴보고, 이어서 첫 번째 이유를 알아보도록 하자. 먼저 "실존이 본질에 선행한다"는 말은 무엇을 의미하는가? 사르트르는 이 질문에 답하기 위해 '종이칼'을 예로 든다.[13] 종이칼을 만드는 사람은 이것을 만들기 전에 이미 그 본질을 머릿속에 가지고 있다. 종이칼은 칼의 한 종류이니 종이를 잘 자를 수 있게끔 구상되고 만들어져야 할 테다. 안전한 손잡이도 있어야 할 것이다. 이렇듯 종이칼의 경우에는 그 본질이 종이칼 그 자체보다 앞서 존재한다.

사르트르는 이런 추론을 인간에게도 적용한다. 정반대로 말이다. 만일 신이 존재해 인간을 창조했다면, 이때 신은 이 인간에 대한 본질을 미리 가지고 있었을 것이다. 하지만 사르트르는 자신의 사유의 출발점에서 신의 부재를 가정하기 때문에 인간에게는 그 어떤 본질도 존재하지 않는다고 본다. 오히려 인간은 살아가면서, 곧 '실존하면서' 자신의 본질을 갖게 된다. 이것이 바로 "실존이 본질에 선행한다"는 주장에 담긴 의미이다.

> 그러면 여기에서 실존이 본질에 선행한다는 말은 무엇을 의미하는 걸까요? 이 말은 인간이 먼저 세계 속에 실존하고, 만나게 되며, 떠오른다는 것, 그리고 인간이 정의되는 것은 그다음의 일이라는 걸 의미합니다. (……) 이렇듯 인간의 본성이란 없습니다. 왜냐하면 인간의 본성을 구상하기 위한 신이 존재하지 않기 때문입니다. (……) 결국 인간은 스스로 만들어가는 것과 다른 무엇이 아닙니다. 이것이 바로 실존주의의 제1원칙입니다. 또한 이것은 사람들이 주체성이라고 부르는 것이기도 합니다.[14]

사르트르의 주장에 따르면 인간은 태어나면서는 아무런 본질도 가지고 있지 않다. 태어날 때 인간은 '백지상태tabula rasa'이다. 그러니까 인간은 무엇으로 태어나는 게 아니며, 단지 살아가면서부터 무엇이 되기 시작한다. 그로부터 사르트르가 위에서 말하는 "실존주의의 제1원칙"이 도출된다. 인간은 먼저 존재하고, 그다음에야 비로소 어떤 존재가 되는 것이다. 이것이 바로 '본질에 선행하는 실존'의 의미이다.

이와 관련해 다음 두 가지 사실을 지적하자. 하나는 '실존'이라는 단어의 어원적 의미가 '있는 곳에서 벗어남'이라는 사실이다. 우리말 '실존'에 해당하는 프랑스어 단어는 'existence(에그지스탕스)'이다. 이 단어의 동사는 'exister(에그지스테)'이다. 그런데 이 단어는 '…로부터 벗어남'의 의미를 가진 접두어 'eks-'와 '있다'는 의미를 가진 'sistere'의 합성어이다. 따라서 '실존하다exister'는 지금, 현재 '있는 곳으로부터 벗어나다'란 의미를 가진다. 보부아르는 인간을 "먼 곳의 존재"로 규정한 하이데거의 주장에 동의하면서 "인간은 언제나 '다른 곳'에 있다"고 주장한다.[15]

다른 하나는 인간은 기투의 존재라는 사실이다. '기투'에 해당하는 프랑스어 단어는 'projet(프로제)'이다. 이 단어는 '앞으로'라는 의미의 'pro-'와 '내던짐', '나아감' 등을 의미하는 'jet'의 합성어이다. 사르트르에 따르면 인간은 자기를 미래를 향해 내던지는 존재, 곧 기투하는 존재이다.

프랑스어의 동사 중에 대명동사가 있다. 대명동사는 재귀대명사를 포함한다. 예컨대 우리말의 '일어나다'에 해당하는 프랑스어는 'se lever(스 르베)'이다. 이런 유형의 동사가 대명동사이다. 'se lever'에서 'se'는 재귀대명사이고, 'lever'는 '일으키다'라는 의미의 타동사이다. 이 대명동사에는 '일으키다'라는 행위가 'se', 즉 '자기 자신'에게 돌아간다는 의미가 들어 있다. 물론 'se'는 행동의 주체, 곧 이 동사와 연결되는 주어의 인칭과 수(단수 또는 복수)에 따라 그 형태를 달리한다.[16]

이런 사실을 고려하면 인간은 미래를 향해 자기 자신을 앞으로 내던지는 존재이다. 사르트르는 인간이 '자기 자신을 앞으로 내던지다se projeter'를 '자기 자신을 만들다se faire', '자기 자신을 창조하다se créer'와 같은 의미로 이해한다. 이런 사실을 고려하면 "실존이 본질에 선행한다"는 테제는, 인간은 살아 있는 동안 자기 자신을 기투하고, 만들어가고, 창조해나간다는 주장과 정확히 같은 의미이다. 또한 이것이 사르트르가 실존의 세 범주 가운데 '함'의 범주로 규정한 내용이기도 하다.

사르트르는 인간의 '죽음'을 자기 변신이 불가능한 상태로 여긴다. 다시 말해 미래를 향해 자기 자신을 기투할 수 없는 상태라는 말이다. 이런 시각에서 본다면 실존하는 것, '함'의 범주를 실천하는 것, 자기 자신을 기투하는 것, 자기 자신을 만들어나가는 것, 자기 자신을 창조해나가는 것, 스스로 변신하는 것 등은 인간에게서 모두 같은 의미라고 할 수 있다. 그렇기 때문에 사르트르는 인간을 그가 살아 있는 동안 한 '행동의 합'으로 정의한다.

의식의 지향성과 선택
사르트르가 인간을 이 세계에 존재하는 모든 존재 중에서 특별히 취급하는 두 가지 이유 가운데 첫 번째가 '인간이 의식의 주체'라는 점을 언급했다. 그런데 먼저 살펴본 두 번째 이유인 '인간에게서 본질에 대한 실존의 우선성'은 첫 번째 이유와 밀접하게 연결된다. 그도 그럴 것이 인간의 모든 기투와 모든 행동은 그의 의식에 의한 주위 세계와의 관계 정립, 그리고 그 관계에 대한 이해와 해석 속에서 이루어지기 때문이다. 그런데 이런 관계 정립과 해석은 모두 의식의 '지향성'을 통해 이루어진다.

사르트르는 현상학을 창시한 에드문트 후설Edmund Husserl로부터 의식의 지향성 개념을 받아들인다. 이 개념은 인간의 의식은 항상 "무엇인가에 대한 의식"[17]이라는 것을 의미한다. 사르트르에 따르면 의식은 그 자체로는 텅 비어 있다. 따라서 의식은 존재가 아닌 '무néant'이다. 그렇다고 이런 '무'가 '아무것도 아닌 것rien'은 아니다. 무로서의 의식은 존재하기는 하지만 홀로서기를 할 수 없는 존재이다. 의식은 항상 무엇인가를 겨냥하면서만 존재 권리를 가질 뿐이다.

그렇다면 의식은 무엇을 겨냥하는가? 사르트르에 따르면 그 대상은 두 가지이다. 하나는 의식 그 자체가 아닌 모든 것이다. 이 경우에 '의식은 무엇인가에 대한 의식conscience de quelque chose'으로 표기된다. 다른 하나는 의식 그 자체이다. 의식은 그 무엇인가를 의식하는 자기 자신을 의식할 수 있다. 이 경우에는 '자기(에 대한) 의식conscience (de) soi'으로 표기된다. 어쨌든 한 가지 분명한 것은 '에 대한de'을 괄호 속에 넣어서 표기하든 그렇지 않은 의식은 항상 무엇인가에 대한 의식이어야 한다는 것이다.

그런데 이와 같은 의식의 지향성은 바로 의식 그 자체가 고정된 것이 아니라 운동이라는 사실을 보여준다. 만일 의식이 그 지향성의 구조를 채우는 도중에 하나의 무엇인가에 고정된다면, 이 순간에 의식은 의식으로서의 기능을 멈춘다고 할 수 있다. 사르트르에 따르면 의식이 의식으로서의 기능을 발휘하게 되는 것은 전적으로 우연적인 일이지만[18] 자발적이고 절대적으로 자유로운 행위로 이해된다. 그리고 일단 이렇게 기능을 발휘하기 시작한 의식은 끊임없이 활동해야만 한다. 이 활동이 바로 '초월transcendance'과 '무화작용néantisation'이다.

사르트르에 따르면 의식은 시간에 따라 작동하면서 무엇인가를 겨냥하고, 그것을 자신의 지향성의 구조를 채울 하나의 대상으로 삼는다. 그러면서 의식은 이 대상을 향해 자신의 밖으로 나아간다. 의식이 '외부를 향해 폭발하는 것'이다. 이런 폭발이 바로 초월이다. 의식이 자신의 외부에 있는 대상을 향해 나아가는 운동이 바로 초월인 것이다.

의식이 이처럼 외부에 있는 무엇인가를 향해 폭발하고 초월한 다음에 무화작용이 일어난다. 의식은 자신이 겨냥하는 무엇인가를 그 자체의 지향성의 한 항목으로 취한 뒤에 또 다시 새로운 무엇인가를 겨냥하면서 폭발하고 초월한다. 이때 새로운 무엇인가를 겨냥하기 전에 그 이전의 무엇인가를 의식 그 자체에서 떼어내고 지우는 작업이 바로 무화작용이다. 또한 이와 같은 무화작용에는 '선택choix'이 수반된다. 실제로 의식은 매 순간 그 지향성의 구조를 채우는 무엇인가를 선택하는 일과 같다고 할 수 있다. 이런 의미에서 사르트르는 "선택과 의식은 오로지 하나이며 동일한 것이다"[19]라고 말한다.

사르트르는 이와 같은 의식의 활동, 즉 초월·무화작용·선택 등을 보여주기 위해 두 가지 예를 든다. 친구와 만나기로 한 카페에 늦게 도착한 사람의 이야기와 새를 사냥하는 포수의 이야기이다. 여기에서는 앞의 상황에 '나'를 대입해보자.

나는 친구를 만나기로 한 시간보다 조금 늦게 카페에 도착했다. 친구는 벌써 약속 장소에 와 있었다. 늦게 도착한 나는 카페에 들어가 친구를 찾으려고 한다. 이때 나의 의식은 무화작용과 선택 작업을 동시에 수행하게 된다. 나는 카페에 있는 사람들을 둘러보면서 나의 의식을 외부를 향해 폭발시킨다. 그러면서 나는 그들을 한 명씩 한 명씩 나의 의식의 무엇인가로 선택한다.

그리고 선택된 사람이 친구가 아닌 경우에 나는 그 사람을 나의 의식의 무엇인가에서 떼어내고, 즉 그를 무화하고, 다시 다른 사람을 나의 의식의 무엇인가로 선택한다. 이런 과정을 거쳐서 나는 마침내 친구를 내 의식의 지향성의 구조를 채우는 무엇인가로 선택하기에 이른다. 이때 나의 의식은 일시적으로 작동을 멈추게 된다. 물론 나는 친구를 찾은 뒤에도 끊임없이 내 의식을 작동시킬 것이다.

어쨌든 이 예에서 분명하게 드러나는 것은 의식의 작용에는 무화작용과 선택이 수반된다는 사실이다. 그리고 의식이 작동할 때 의식과 의식의 무엇인가로 선택되는 대상 사이에는 '거리distance'가 펼쳐지게 된다. 이 거리의 존재는 의식과 그것의 다른 한쪽 끝에 있는 대상 사이에 '존재 관계'가 정립되었다는 증거이다. 이 관계는 당연히 의식을 중심으로 정립된다.

또한 의식은 이렇게 이 세계의 수많은 대상에 대해 거리를 펼치고 또 그것들과 관계를 맺으면서 그것들에 의미를 부여하게 된다. 그렇기 때문에 사르트르의 사유에서는 인간을 중심으로 형성되는 관계망에 포함되지 않는 존재는 아무런 의미도 갖지 못한다. 극단적으로 말해 어떤 인간의 의식이 마비되어 작동하지 않게 되면, 이 세계는 최소한 그에게는 아무런 의미를 지니지 않는다.

이렇듯 인간은 이 세계의 중심을 형성하고, 그 중심으로부터 세계의 모든 존재를 자신의 의식의 지향성을 채우는 대상으로 삼으며, 그것들에 대해 거리를 펼치면서 관계를 맺음과 동시에 의미를 부여한다. 이 모든 것은 의식의 주체로서의 인간이 만물의 영장이라는 사실을 보여준다. 요컨대 인간은 이 세계에서 특별한 존재, 나아가 다른 존재들에 비해 우월한 존재로 여겨진다.

대자존재와 즉자존재

사르트르는 이런 의식의 존재 방식을 '대자對自, pour-soi'로 규정하고, 의식의 주체인 인간을 '대자존재 l'être-pour-soi'로 규정한다. 그리고 의식을 가지고 있지 않은 사물의 존재 방식을 '즉자卽自, en-soi'로 규정하고, 사물을 '즉자존재 l'être-en-soi'로 규정한다. 이런 규정에서 '자기soi'는 각 존재의 존재근거라고 할 수 있다. 대자존재에서 'pour(푸르)'는 '…을 향한'이라는 의미이고, 즉자존재에서 'en(앙)'은 '…안에'라는 의미이다. 따라서 대자존재는 '자기를-향해-있는 존재'이고, 즉자존재는 '자기-안에-있는 존재'이다.

사르트르에게서 즉자존재는 마치 속이 꽉 찬 쇠구슬과 같은 덩어리로 존재한다고 할 수 있다. 따라서 즉자존재는 다른 존재와 관계를 맺을 수 없다. 반면에 대자존재는 '속이 텅 비어 있는 존재', 즉 '결여 manque'의 존재이다. 그런 만큼 대자존재는 자신에게 결여된 부분, 즉 '자기', 곧 그 자신의 존재근거를 향해 있는 존재, 그것을 향해 나아가는 존재로 이해된다.

그런데 사르트르에게서 이와 같은 대자존재의 운동이 바로 실존·기투·창조·행동·함·선택과 동의어라는 사실은 무척 흥미롭다. 인간은 의식의 주체로서 이 세계와 관계를 맺음과 동시에 그것에 의미를 부여하면서, 다시 말해 그것을 해석하면서 살아가고, 실존하고, 그 자신의 본질을 만들어가는 것이다. 이런 의미에서 사르트르는 대자의 출현, 곧 의식의 출현을 형이상학적 질서에 속하는 미증유의 일대 사건으로 여긴다.

사르트르는 이 사건의 중요성을 강조하기 위해 비유를 든다. 원자 하나의 소멸이 이 세계의 소멸로 이어질 수 있다는 비유이다. 의식은 무無의 형태로 존재하기 때문에 홀로서기를 할 수 없는 아주 사소한 존재이다. 하지만 의식은 이 세계에 출현하면서 그 심장에 가서 달라붙는다. 그러면 무정형이고 무의미했던 이 세계는 의미를 얻게 되고, 따라서 생명을 얻게 되는 것이다. 이처럼 의식의 출현은, 비록 그것이 우연성의 질서에 속하는 사건이지만, 이 세계 전체에 지각변동을 일으키는 일대 사건이다.

어떤 통속적인 해설자들은 에너지 보존 법칙을 설명하는 데 다음과 같은 재미있는 비유를 사용한다는 것을 우리는 알고 있다. 그들의 말에 따르면 만일 우주를 구성하고 있는 원자들 중 단 하나만이라도 없어져버리는 일이 생긴다면, 그로부터 우주 전체에 퍼지게 될 하나의 파국이 발생하게 될 것이며, 이 파국은 특히 지구의 종말과 천체의 종말이 될 것이라고 한다. 이 이미지는 여기에서 우리에게 소용이 될 수 있다. 대자는 존재의 한복판에서 그 기원을 갖는 하나의 사소한 무화로서 나타난다. 그리고 즉자에게 전면적인 변동이 '일어나기' 위해서는 이 무화만으로 충분하다. 이 변동은 세계이다.[20]

자유와 무용한 정열

사르트르의 무신론적 실존주의를 관통하는 주요 주제 가운데 하나는 바로 인간은 자신의 기투에서 자유롭다는 사실이다. 사르트르는 "인간 존재와 인간이 자유인 것 사이에는 차이가 없다"[21]고 주장한다. 물론 이 주장은 인간이 모든 것을 자기 마음대로 할 수 있다는 것을 의미하지 않는다. 그보다는 오히려 인간은 어떤 상황에서도 자신의 의식을 작동시킬 수 있다는 의미로 이해해야 할 것이다. 인간은 고문당하면서도 자신의 의식을 자유롭게 폭발시킬 수 있다는 것이 사르트르의 주장이다.

이런 자유와 관련해 사상범의 예는 흥미롭다. 사상범을 감옥에 가둔다고 해서 그가 평소 지녀온 사상을 믿고 지지하는 것을 막을 수 있을까? 막을 수 없을 것이다. 그를 감옥에 가두는 경우에도 그의 신체만을 감금하고 통제할 수 있을 뿐이다. 어떤 경우에도 그의 의식이 작동하는 것, 즉 그가 자신의 사상을 믿고 지지하는 것을 막을 방법은 없을 것이다. '인간의 기투는 자유롭다'고 주장할 때, 사르트르는 이런 의미의 자유를 염두에 둔다고 할 수 있다.

사르트르에 따르면 의식의 주체인 인간은 이런 자유를 가지고 미래를 향해 자신을 기투하면서 자신의 존재근거를 확보하고자 한다. 하지만 인간은 비극적이게도 "무용한 정열passion inutile"[22]이라는 것이 사르트르의 주장이다. 이는 무엇을 의미하는가? 이 질문에 답하기 위해 사르트르가 인간을 "신이 되고자 하는 욕망"[23]으로 정의한다는 사실을 지적하자. 또한 신의 존재 방식은 '대자-즉자pour-soi-en-soi'라는 것이 사르트르의 생각이다.

그런데 이와 같은 대자-즉자의 융합 상태는 모순적이다. 그도 그럴 것이 인간이 대자임과 동시에 즉자일 수는 없기 때문이다. 인간의 존재 방식은 대자이고, 사물의 존재 방식이 즉자라고 했다. 따라서 대자-즉자의 융합 상태에는 인간이 의식의 주체로 살아 있는 대자임과 동시에 사물에 해당하는 즉자라는 것이 전제된다. 하지만 인간이 살아 있음과 동시에 주검과 같은 즉자존재일 수는 없을 테다. 그런 만큼 대자-즉자의 융합은 모순적이다.

그리고 사르트르는 이 대자-즉자의 융합을 인간이 자기의 존재근거를 자기 내부에 품고 있는 것으로 이해한다. 앞에서 사물과 같은 즉자존재는 자기 안에 존재근거를 안고 있다고 했다. 또한 이와는 달리 대자존재인 인간은 자신의 존재근거를 향해 있다고 했다. 그런데 사르트르에 따르면 인간은 그 자신의 존재근거를 자기 것으로 포착할 수가 없다. 인간의 존재근거는 항상 그 자신과 일정한 거리를 두고 있기 때문이다. 인간은 아무리 노력해도 결코 자신의 존재근거를 확보할 수 없다는 것이다. 이것이 바로 '인간은 무용한 정열'이라는 규정의 의미이다.

사르트르는 인간이 무용한 정열이라는 것을 보여주기 위해 한 가지 예를 든다. 수레를 끄는 당나귀 이야기이다.[24] 이 당나귀 앞에 일정한 거리를 두고 당근을 매달아놓았다고 가정하자. 당나귀는 당근을 먹으려고 앞으로 몸을 움직이고자 할 것이다. 그러면 당나귀와 수레가 앞으로 나아가는 거리만큼 당근도 앞으로 움직일 테다. 그렇기 때문에 당나귀는 수레를 끄는 동안 결코 이 당근을 먹을 수가 없다. 이렇듯 당나귀가 당근을 먹고자 하는 노력은 헛되게 될 것이다.

이와 마찬가지로 사르트르에 따르면 인간은 항상 자신의 존재근거를 찾고, 그것을 바탕으로 신이 되고자 하는 욕망을 실현하고자 한다. 하지만 당근을 결코 먹을 수 없는 당나귀처럼 인간도 자신의 존재근거를 '향해' 있을 뿐, 결코 그것을 확보할 수 없다. 요컨대 인간은 무용한 정열인 것이다. 이런 시각에서 보면 인간의 삶은 예외 없이 비극적이라고 할 수 있다. 이런 점을 고려해 사르트르는 모든 인간의 역사는 "실패의 역사"[25]라고 말한다.

대타존재

시선

인간을 무용한 정열로, 또 인간의 역사를 실패의 역사로 보는 사르트르의 비극적인 규정은 단지 인간과 이 세계에 속하는 사물들, 즉 즉자존재들과의 관계에만 그치지 않는다. 사르트르는 인간들 사이에 정립되는 관계 역시 비극적이라고 주장한다. 다시 말해 타자와 맺는 관계 속에서도 인간은 자신의 존재근거를 확보할 수 없다고 한다. 게다가 사르트르는 인간들 사이의 관계가 어쩔 수 없이 공존과 화해보다는 대립과 갈등으로 귀착한다고 본다.

앞에서 철학 또는 학문의 출발점은 경이나 호기심이고, 이런 경이나 호기심의 대상은 인간 그리고 인간을 에워싸고 있는 이 세계의 모든 존재라고 지적한 바 있다. 그런데 이런 대상에 속하는 이 세계의 모든 존재 중에는 '타자autrui'도 있다. 또한 앞에서 사르트르가 이 세계에 속하는 존재들을 크게 두 영역, 곧 대자존재인 인간과 즉자존재인 사물로 구분한다는 사실을 언급했다. 물론 그 기준은 의식의 유무였다.

그런데 사르트르는 의식의 주체인 인간을 다시 '나'와 '타자'의 영역으로 구분한다. 사르트르는 의식의 주체인 인간과 사물 사이에 맺어지는 존재 관계의 기술만으로는 인간을 총체적으로 이해할 수 없다고 본다. 그러면서 인간을 총체적으로 이해하기 위해 타자라고 하는 또 하나의 존재와의 관계를 고려할 필요성을 제시한다. 이렇게 해서 제시된 타자는 나의 '대타존재l'être-pour-autrui'를 구성한다. 요컨대 사르트르에게서는 '나', '사물', '타자'가 '존재의 세 영역'에 해당한다.

사르트르는 타자 존재에 대한 탐구의 필요성을 제시하기 위해 '수치심honte'이라는 감정을 예로 든다. '내'가 수치심을 느끼는 것은 보통 타자 앞에서이다. 물론 내가 나 자신의 비열한 행동에 대해 스스로 수치심을 느끼는 것도 가능하다. 이때 나는 나의 비열한 행동에 대해 객관적 거리를 두며 반성적인 태도를 취한다. 하지만 나는 이와 같은 거리와 태도를 곧바로 취소할 수 있다. 그렇지 않은가? 나는 나 자신에게 쉽게 관대해지면서 비열한 행동을 한 나 자신을 용서할 수도 있는 것이다.

하지만 내가 비열한 행동을 누군가의 앞에서 했다면 어떨까? 사르트르에 따르면 이 경우에 내가 느끼는 수치심은 자신에 대해 품는 수치심과는 근본적으로 다르다. 내가 자신에 대해 품는 수치심은 곧장 사라질 수도 있는 데 비해, 타자 앞에서 느끼는 수치심은 끝이 없다는 것이다. 이렇듯 사르트르는 수치심은 타자 앞에서 자기에 대해 품는 감정이라는 구조를 취한다고 본다.

이런 사실에서 출발해 사르트르는 현상학적 존재론에서 인간을 제대로 이해하려면 나와 타자 사이의 존재 관계를 기술해야 한다고 주장한다. 여기에 더해 사르트르는 타자에 의해 구성되는 대타존재의 두 주요 문제는 '타자는 누구인가'라는 타자의 존재 증명의 문제와 '나와 타자 사이에 맺어지는 존재 관계'의 문제라고 말한다.

이처럼 수치심은 '타자 앞에서의 자기에 대한' 수치심이다. 이 두 개의 구조는 분리할 수 없다. 하지만 그와 동시에 나는 나의 존재의 구조 전체를 완전히 파악하기 위해 타자를 필요로 한다. 대자는 대타를 가리킨다. 따라서 만일 우리가 인간과 즉자존재의 존재관계를 그 전체 속에서 파악하고자 한다면, 우리는 이 책의 앞부분에서 소묘된 기술만으로 만족할 수는 없다. 우리는 아주 다른 의미로 놀라운 두 가지 질문에 답을 해야만 한다. 먼저 타자의 존재 문제이며, 그다음으로는 타자의 존재와 맺는 나의 '존재' 관계의 문제이다.[26]

사르트르는 타자의 존재 문제와 관련해 데카르트, 헤겔, 후설, 하이데거 등의 철학에서 타자와 관련된 논의를 검토한 뒤에 '시선' 개념을 도입해 이 문제를 해결한다. 사르트르에 따르면 '타자'는 "나를 바라보는 자"[27]로 정의된다. 그런데 타자 존재를 나에게 직접적으로 현전하게 하는 이 시선은 단순히 두 눈동자의 움직임이 아니다. 사르트르는 시선을 그 끝에 와 닿는 모든 것을 객체화하는 '힘'으로 본다. 사르트르는 이런 힘을 그리스신화에서 자기와 눈이 마주치는 모든 것을 돌로 만들어버리는 메두사의 시선에 비교한다. 따라서 나를 그 자신의 시선을 통해 바라보는 타자는 나를 객체화할 수 있는 힘을 지닌 존재이다.

사실 내가 보는 사람들, 나는 그들을 객체들로 응고시킨다. 나의 그자들에 대한 관계는 타자의 나에 대한 관계와 같다. 그들을 쳐다보면서 나는 나의 힘을 계량한다. 하지만 만일 타자가 그 사람들을 바라보고, 그리고 나를 바라본다면, 나의 시선은 그 힘을 잃는다.[28]

그런데 다음과 같은 사실을 지적하자. 즉 사르트르의 사유에서 인간은 누구나 주체성의 상태에 있어야 한다는 사실 말이다. 뒤에서 다시 보겠지만 이것 역시 인간이 자기 삶의 주인이 되기 위한 조건 가운데 하나이다. 어쨌든 나는 타자와의 관계에서 주체성의 상태를 유지해야 한다. 이 사실은 타자에게도 마찬가지로 적용된다. 그로부터 나와 타자 사이의 '근본적인 관계'가 발생한다.

사르트르에 따르면 이 관계는 그 유명한 '시선 투쟁'으로 나타난다. 나와 타자는 우연히 이 세계에 쌍둥이처럼 출현해 서로 만나자마자 상대를 바라보면서 객체화하려고 한다는 것이다. 이것이 바로 시선 투쟁이다. 그리고 이런 시선 투쟁으로 인해 나와 타자의 근본적 관계는 '함께 있는 존재Mit-Sein'가 아니라 '갈등conflit'으로 나타난다는 것이 사르트르의 주장이다.[29]

타자 앞에서의 두 가지 태도

사르트르의 사유에서 나와 타자 사이에 맺어지는 관계는 거기에서 그치지 않는다. 그에 따르면 나와 타자와의 근본적 관계는 '구체적 관계'로 발전하게 된다. 방금 나와 타자와의 근본적인 관계가 갈등이라고 했다. 그런데 타자는 나와의 관계에서 갈등의 주체로만 나타나는 것이 아니다. 타자는 나와의 관계에서 이중의 반대되는 존재론적 지위를 지닌다는 것이 사르트르의 주장이다. 왜 그럴까?

시선을 통해 출현하는 타자는 나를 바라보고, 객체화하면서 주체성의 자리를 두고 나와 투쟁한다. 이런 의미에서 타자는 나의 "지옥enfer"
으로 여겨진다.[30] 하지만 타자는 나를 바라보면서, 즉 나를 객체화하면
서 나에게 '나의 외부'나 '나의 본성'을 부여한다. 즉 타자는 나를 바라
보면서 나에 대한 어떤 이미지를 갖게 된다. 그런데 사르트르에 따르면
이런 이미지가 나의 존재근거와 무관하지 않다.

사르트르는 타자의 시선에 의해 나에게 부여되는 나의 외부나 나의
본성은 나의 가능성 밖에 위치한다고 주장한다. 그것들은 오직 타자라
고 하는 또 하나의 자유·초월·가능성에 의해 이 세계에 출현할 뿐이
다. 그런데 나는 타자의 시선 너머에 그려진 나의 모습을 전혀 알 수가
없다. 타자의 시선 너머는 나의 영향력이 미치는 곳이 아니다. 물론 그
모습의 질료는 나 자신과 타자의 시선이다. 하지만 나는 타자가 나에게
이 모습에 대해 말해주거나 설명해주지 않으면 그것이 어떤 모습인지
를 결코 알 수 없다.

그리고 타자가 나에게 부여하는 모습에는 내가 어떤 존재인지에 대한
중요한 단서가 담겨 있다. 이 모습이 내가 자신에 대해 부여하는 모습과
너무 다르면, 나는 자신의 정체성을 확립하는 과정에서 큰 혼란을 겪게
된다. 내가 자신을 '이런' 존재로 여긴다고 하자. 타자는 나를 바라보면서
나를 '저런' 존재로 여긴다고 하자. 이때 내가 자신에 대해 부여하는 '이
런' 존재와 타자가 나에 대해 부여하는 '저런' 존재가 일치한다면, 내가
자신의 정체성을 확보하는 데 아무런 문제가 없을 것이다. 또한 내가 사
회생활을 하는 데도 별 문제가 없을 테다.

하지만 이 두 존재 사이에 편차가 너무 큰 경우에는 사정이 전혀 다

르다. 나는 자신의 정체성 확립에 큰 혼란을 겪으면서 타자와 원만한 관계를 맺지 못할 수도 있다. 가령 나는 자신을 선량한 사람이라고 생각하는데, 타자는 나를 악한 사람이라고 생각한다고 해보자. 이 경우에 나는 내가 어떤 사람인지, 나아가서는 내가 누군인지를 아는 데 큰 어려움을 겪을 테다. 이렇듯 타자는 나의 존재 규정에서 중요한 역할을 한다.

그로부터 타자의 존재론적 지위가 또 하나 도출된다. "나와 나 자신 사이의 필수 불가결한 매개자"[31]라는 지위이다. 사르트르는 이 사실을 바탕으로 "나에 대한 어떤 진리를 얻기 위해서는 이처럼 나는 타자를 거쳐야만 합니다."[32]라고 말한다. 이와 관련해 사르트르에게서 신이 인간의 시선에 의해 영원히 객체화되지 않는 시선으로 여겨진다는 사실은 흥미롭다. 만일 신이 이런 시선으로 인간을 객체화하면서 그에게 어떤 모습을 부여한다면, 그것은 곧 그의 존재근거라고 할 수 있다. 그런데 신의 부재를 가정하는 사르트르에게서 이와 같은 신의 역할은 부분적으로나마 타자가 수행한다고 할 수 있다.

나와의 관계에서 타자가 갖는 이와 같은 이중의 존재론적 지위로 인해 나와 타자 사이에 구체적 관계들이 정립된다는 것이 사르트르의 주장이다. 그 내력은 이렇다. 우선, 나와의 관계에서 이중의 반대되는 존재론적 위상을 지니는 타자에 대해 나는 다음과 같은 두 가지 '태도'를 취하게 된다.

하나는 내가 타자의 주체성을 인정하고, 그가 나에게 부여하는 이미지를 내 것으로 만들고자 하는 '동화'의 태도이다. 이것이 '제1태도'이다. 다른 하나는 내가 주체성의 자격으로 타자의 주체성을 빼앗아버리고 그를 객체로 사로잡고자 하는 '초월'의 태도이다. 이것이 '제2태도'이다. 사르트르는 이 두 태도를 중심으로 나와 타자 사이의 구체적 관계들이 맺어진다고 주장한다. 그리고 이 두 태도 가운데 어느 것이 우선하는지는 결정할 수 없다고 본다.[33]

> 타자는 나를 '바라본다'. 그리고 그런 자로서 타자는 나의 존재의 비밀을 쥐고 있다. 타자는 내가 무엇'이라는' 것을 안다. 이렇게 해서 나의 존재의 깊은 의미는 나의 외부에 있고, 하나의 부재 속에 갇혀 있다. 타자는 나에 대해 우세하다. 따라서 나는, 내가 그것으로 있으면서 그것을 근거 짓지 못하는 즉자를 도피하는 한도에서, 외부에서 나에게 부여된 이 존재를 부인하려고 시도할 수 있다. 다시 말해 나는 이번에는 내 편에서 타자에게 객체성을 부여하기 위해서 타자 쪽으로 돌아설 수 있다. 그 까닭은 타자의 객체성은 타자에게 있어 나의 객체성을 파괴하는 것이기 때문이다. 하지만 다른 한편으로 자유로서의 타자가 나의 즉자존재의 근거인 한도에서, 나는 타자로부터 자유의 성격을 제거함이 없이 그 자유를 되찾고, 그것을 탈취하려고 할 수가 있다. 만일 사실 내가 나의 즉자존재의 근거인 그 자유를 나에게 동화시킬 수 있다면, 나는 나 자신에 대해 나 자신의 근거가 될 것이다. 타자의 초월을 초월하는 것, 아니면 반대로 타자로부터 초월의 성격을 제거함이 없이 그 초월을 내 안으로 삼키는 것, 이것이 바로 내가 타자에 대해 취하는 두 개의 원초적인 태도이다.[34]

타자와의 구체적 관계들 1: 사랑·언어·매저키즘

사르트르는 제1태도를 중심으로 나와 타자 사이에 맺어지는 관계로 '사랑', '언어', '매저키즘'을 든다. 먼저 사랑의 관계가 정립되는 조건은, 이 관계의 두 당사자인 나와 타자가 모두 주체성의 상태에 있는 것이다. 그렇게 되면 나와 타자 사이에는 우리-주체가 형성된다. 사르트르는 이와 같은 사랑의 관계를 인간들 사이에 맺어질 수 있는 가장 이상적인 관계로 여긴다.[35]

그런데 사르트르에 따르면 사랑은 '실패'로 귀착될 수밖에 없다. 다시 말해 사랑의 관계는 실현 불가능하다. 그 이유는 무엇일까? 사르트르는 세 가지 이유를 제시한다. 이것이 바로 사랑의 "삼중의 자기 파괴성"[36]이다.

첫 번째 이유는 사랑이 자기기만의 관계라는 것이다. 왜 그럴까? 사랑의 관계가 정립되는 조건은 사랑하는 자('나'라고 하자)와 사랑받는 자('그'라고 하자)가 모두 자유·초월·주체성의 상태에 있어야 한다는 것이다. 가령 나는 그를 사랑하면서 단순히 그의 육체를 정복하길 원하는 것이 아니라 그의 마음과 자유, 주체성을 얻는 것을 원한다. 그런데 그의 자유·초월·주체성은 항상 나의 영역, 나의 가능성 밖에 위치해 있다. 그렇기 때문에 내가 그의 마음을 얻었다고 생각하는 것은 엄밀한 의미에서 자기기만적인 생각이라는 것이 사르트르의 주장이다.

두 번째 이유는 내 사랑의 요구에 응해 그가 긍정적인 반응을 보이는 경우에도 나는 자기기만에 빠지게 된다는 것이다. 나는 그의 마음을 얻기 위해 모든 노력을 기울일 것이다. 만일 그가 나의 이런 노력에 긍정적으로 반응하면서 나를 사랑한다고 말한다면, 나는 그의 사랑을 얻으면서 소기의 목적을 달성한 것으로 여겨질 수 있다. 하지만 사르트르는 이때 나의 사랑은 실패로 돌아간다고 주장한다. 왜냐하면 그가 나의 사랑에 응해 긍정적인 반응을 보이게 되면, 그는 더 이상 자유·초월·주체성의 상태에 있지 않게 되기 때문이다.

실제로 사랑을 구하는 사람이 상대방의 사랑을 확인하는 순간에 느끼는 감정은 이중적이라고 할 수 있다. 성취감과 허무함이 그것이다. 당연히 성취감은 내가 그의 마음을 얻었다는 것, 나아가 그의 마음을 정복했다는 데서 기인한다. 하지만 이런 성취감을 느끼는 순간이 곧 나의 허무함이 시작되는 순간이기도 하다. 그도 그럴 것이 이 순간에 내가 사랑하는 그는 더 이상 자유·초월·주체성의 상태에 있지 않기 때문이다. 이렇듯 나는 그에 대한 사랑에서 재차 자기기만적인 상태에 있게 된다.

사르트르에 따르면 사랑을 실패로 몰고 가는 세 번째 이유는 바로 제3자의 존재이다. 앞에서 사랑은 우리-주체의 형성을 겨냥한다고 했다. 그런데 사랑의 당사자들은 제3자의 시선에 의해 '우리-객체'가 되고 만다는 것이 사르트르의 주장이다. 앞에서 예로 들었듯이 공공장소에서 지나친 애정 행각을 하는 연인은 자기들을 우리-주체라고 여길 수 있지만, 이들의 모습은 주위에 있는 제3자의 눈살을 찌푸리게 할 수도 있다. 그 경우에 제3자의 눈엔 이들의 모습이 한낱 우리-객체로 비치게 된다.

사르트르는 이와 같은 이유로 실패로 끝나고 마는 사랑에 이어 언어를 검토한다. 언어도 내가 타자에게 취하는 제1태도 위에 정립되는 관계

가운데 하나이다. 사랑은 '유혹'과 밀접하다. 나는 사랑받는 자를 유혹하기 위해 여러 수단을 동원한다. 그중 하나가 바로 언어이다. 이런 언어 관계가 정립되는 조건은 사랑의 조건과 유사하다. 다시 말해 언어 관계에 참여하는 쌍방은 모두 주체성의 상태에 있어야 한다. 언어 관계의 목표 역시 우리-주체의 형성이라고 할 수 있다. 좀 더 구체적으로 말하자면 언어 관계의 목표는 인간들 사이에 완벽한 의사소통을 실현하는 것이다.

사랑과 마찬가지로 언어 역시 실패로 끝나고 만다는 것이 사르트르의 주장이다. 그 이유는 바로 모든 언어가 완벽하지 않다는 것이다. 사르트르는 하이데거를 따라 "나는 내가 말하는 것으로 존재한다"고 주장한다. 그런데 나는 언어를 통해 나의 존재를 완벽하게 표현할 수 없다. 왜냐하면 내가 나의 존재를 표현하는 데 필요한 단어와 표현을 내가 사용하는 언어에서 모두 발견할 수는 없기 때문이다.

또한 언어 관계에 참여하는 타자가 나의 말을 완전히 이해할 수는 없을 것이다. 그리고 타자가 나의 말을 듣고 이해한 바를 나에게 다시 완벽하게 전달할 수도 없을 것이다. 왜냐하면 타자가 나의 말을 완전히 이해하기란 불가능할 수 있고, 그가 이해한 바를 나에게 전달하기 위해 사용하는 언어 역시 완벽하지 않기 때문이다. 게다가 나 역시 타자가 나에게 전하는 말을 완벽하게 이해할 수 없을 것이다. 이런 이유로 언어는 실패로 끝나는 듯이 보인다.

하지만 사르트르는 언어의 성공과 실패가 궁극적으로는 유예 상태에 있다고 본다. 다시 말해 언어의 성공과 실패를 단정할 수 없다는 것이다. 왜 그럴까? 나는 언어의 불완전성에도 불구하고 나를 표현할 수 있는 단어나 표현을 찾기 위해 끊임없이 노력할 수 있다. 가령 신조어를 고안하면서 말이다. 그리고 타자에게 내가 하고자 하는 말을 완벽하게 전달하기 위해 노력할 수도 있을 테다.

또한 타자도 나의 말을 이해하기 위해 계속 노력할 수 있고, 그가 이해한 바를 나에게 완벽하게 전달하고자 계속 노력할 수도 있다. 물론 나도 타자의 말을 이해하려고 부단히 노력할 수 있다. 이렇게 해서 언어를 통해 나와 타자 사이에 우리-주체가 형성되는 것도 가능하다. 이론적으로는 그렇다. 이런 상황이 이론적으로나마 가능할 수 있기 때문에 사르트르는 언어의 성공과 실패 여부가 유예 상태에 있다고 본다. 뒤에서 인간의 주체적 삶의 실현 방식을 논의할 때 이 언어 관계를 상세하게 다루겠다.

사르트르는 사랑과 언어 이외에 내가 타자에 대해 취하는 제1태도를 중심으로 정립되는 관계의 하나로 매저키즘을 든다. 매저키즘의 첫 번째 정립 조건은 타자가 주체성의 상태에 있는 것이다. 그런데 매저키즘의 특징은 타자의 주체성을 내가 먼저 인정한다는 점이다. 그러면서 나는 내 자신을 타자 앞에서 객체로 내세운다. 그러니까 나는 주체성의 지위를 차지하기 위한 타자와의 투쟁을 스스로 포기하는 것이다. 이것이 매저키즘이 정립되기 위한 두 번째 조건이다. 매저키즘이 정립되면 나는 매저키스트로서 기쁨을 맛보게 된다. 하지만 이 기쁨은 씁쓸한 것이다. 왜냐하면 이 기쁨은 내가 스스로 주체성을 포기한 대가에 불과하기 때문이다.

그런데 사르트르에 따르면 이런 매저키즘은 궁극적으로 실패하고 만다. 그 이유는 스스로 주체성을 포기하면서 객체성의 상태에 있는 것은 진정한 실존의 태도가 아니기 때문이다. 나는 이런 자신의 태도에 죄책감을 느낀다는 것이 사르트르의 주장이다. 그리고 인간은 그 어떤 상태에서도 사물과 같은 존재 방식, 다시 말해 즉자의 방식으로 존재할 수 없다. 매저키스트로 사는 것은 살아도 사는 것이 아닌 삶의 방식이라고 할 수 있다.

또한 매저키스트의 자격으로 내가 타자 앞에서 나 자신을 객체화하면서 기쁨을 맛보려면, 나는 주체성의 상태에 있어야만 한다. 이것은 타자 앞에서 자기를 객체화하는 매저키스트의 자세와는 근본적으로 모순된다. 우리는 뒤에서 무신론적 실존주의의 관점으로 인간의 주체적 삶을 방해하는 요인들과 그 극복책을 논의하면서 매저키즘을 코미디나 유희와 연결지어 다시 거론할 것이다.

타자와의 구체적 관계들 2: 성적욕망·사디즘·무관심·증오

사르트르는 내가 타자에 대해 취하는 제1태도 위에 정립된 모든 관계의 실패는 제2태도, 곧 초월의 태도 위에 다른 관계가 정립되는 계기가 될 수 있다고 말한다. 물론 사르트르는 제2태도 위에 정립되는 모든 관계의 실패가 제1태도 위에 정립되는 관계의 계기가 될 수 있다고 보기도 한다. 어쨌든 제2태도를 중심으로 맺어지는 관계에는 '성적 욕망', '사디즘', '무관심', '증오'가 포함된다. 이 관계들을 차례로 보자.

사르트르에 따르면 성적 욕망은, 내가 욕망의 주체로서 자유·초월·

주체성의 상태에서 타자의 그것들을 탈취하려는 시도로 규정된다. 다만 여기에는 한 가지 조건이 붙는다. 바로 내가 완전한 주체성의 상태가 아니라 반쯤은 객체성이 섞인 상태에 있어야 한다는 것이다. 사르트르는 이런 상태를 설명하기 위해 깨끗한 물에 물감이 섞인 상태, 곧 혼탁한 물을 예로 든다.[37] 다시 말해 성적 욕망의 관계가 정립되려면 나는 주체성과 객체성(이 객체성은 나의 '몸', 곧 '신체'를 통해 이루어진다는 사실을 지적하자)이 섞인 상태, 곧 흥분 상태에 있어야 하는 것이다.

이와 관련해 사르트르가 '애무'에 부여하는 의미는 흥미롭다. 그에 따르면 애무는 나의 손 밑에서 타자의 '신체corps'가 '육체chair'[38]로 태어나게끔 하는 의식儀式이다.

> 애무는 단순한 '접촉'이기를 원치 않는다. 사람만이 오직 애무를 접촉으로 환원할 수 있다. 하지만 그렇게 되고 보면 애무의 본래적 의미는 상실된다. 애무는 그저 단순히 스치는 일이 아니기 때문이다. 그것은 '가공加工'이다. 타자를 애무할 때, 나는 나의 애무로 말미암아 나의 손가락 밑에서 타자의 육체를 탄생하게 한다. 애무는 타자를 육체화하는 의식들의 총체이다.[39]

사르트르에게서 신체는 의식과 같은 의미를 지니기도 한다.[40] 따라서 명석한 의식과 같은 상태에 있는 신체를 '나'는 스스로 육체로 변신시켜야 한다. 그러면서 나는 이런 상태에서 타자의 신체를 애무를 통해 육체 상태로 바꿔야 한다. 다시 말해 나는 성적 흥분을 통해 반半주체성·반객체성의 혼탁한 상태에 있어야 하고, 이런 상태에서 나는 애무를 통해 타자를 반주체성·반객체성의 상태에 있게끔 만들어야 하는 것이다. 즉 나와 타자는 "이중의 상호적 육체화"[41] 상태에 있어야 한다.

하지만 사르트르에 따르면 이런 성적 욕망의 관계는 실패로 끝나고 만다. 그 이유는 다음 두 가지이다. 첫째, 내가 반주체성·반객체성의 상태에 있어야 하고, 타자 역시 같은 상태에 있어야 하기 때문에 나는 성적 욕망을 통해 타자의 주체성을 완전히 빼앗을 수 없다. 나는 타자의 주체성을 절반만 객체화하고 초월할 수 있을 뿐이다. 둘째, 성적 욕망의 종착점에서 나와 타자는 서로의 '육체'만을 발견하게 된다. 성적 욕망은 나와 타자가 동시에 성적 극치에 도달했을 때 성공했다고 할 수 있다. 하지만 그 순간이 지나면 나와 타자는 서로 헐떡이고 있는 두 개의 육체로 존재할 뿐이다.

사르트르는 성적 욕망에 이어 사디즘을 검토한다. 성적 욕망과는 달리 사디즘은, 사디스트로서의 나는 완전한 주체성의 상태에 있는 반면 타자는 완전한 객체성의 상태에 있을 때 맺어지는 관계이다. 예컨대 비밀 정보를 얻기 위해 포로를 고문하는 고문관이 있다고 하자. 고문관은 포로를 고문하면서 사디스트로서 완전한 모습을 보여준다. 고문관이 포로에게 고문을 가하는 것은 비밀 정보를 얻어낸다는 목적을 실현하기 위해서이다. 그런데 이 목적의 실현에는 포로의 주체성의 굴복, 곧 자유의 포기가 수반된다.

사디스트가 이처럼 많은 집념을 가지고 구하는 것은, 사디스트가 그의 손으로 반죽하고자 하고 또 자기 주먹 밑에 굴복시키고자 하는 것은, 바로 '타자'의 자유이다. 타자의 자유는 거기, 이 육체 속에 있다. 거기에는 타자의 사실성이 있기 때문에, 이 육체는 타자의 자유이다. 따라서 사디스트가 자기 것으로 만들고자 시도하는 것은 바로 타자의 자유이다.[42]

고문관은 포로가 비밀 정보를 실토할 때까지 고문을 계속할 것이다. 마치 열쇠공이 꾸러미의 열쇠를 하나하나 자물쇠에 끼워보고 맞는 것을 찾아내듯이 말이다. 그리고 마침내 포로가 자백하는 순간 고문관은 희열을 느끼게 된다. 이런 희열은 실제로 고문관이 이 포로의 자유·초월·주체성을 완전히 빼앗는 데 성공했다는 것을 보여주는 뚜렷한 징후이다.

하지만 정확히 고문관이 이런 희열을 느끼는 순간에 사디즘은 실패로 끝나고 만다는 것이 사르트르의 주장이다. 왜 그럴까? 사르트르에 따르면 설사 포로가 고문관의 고문에 못 이겨 자백했더라도, 이 자백은 궁극적으로 포로의 자유로운 결단에 따른 결과이다. 게다가 포로는 고문을 받으면서, 또 자백을 하고 난 뒤라도 항상 고문관을 향해 자신의 시선을 폭발시켜 그를 바라볼 수 있다. 그렇게 되면 이번에는 포로가 고문관을 객체화하는 결과가 나타나게 된다는 것이다.

사디즘에 이어 사르트르는 제2태도를 바탕으로 정립되는 또 하나의 관계로 무관심을 든다. 사르트르에 따르면 무관심은 타자에 대해 내가 내보이는 일종의 '맹목성'으로 정의된다. 무관심한 상태의 나는 이 세계에서 결코 타자에 의해 객체화되지 않을 듯이 행동한다. 그러니까 나는 타자의 존재를 완전히 무시하면서 '뻔뻔해지는' 것이다. 요컨대 나는 타자 앞에서 안하무인의 태도를 취하면서 '유아론唯我論'의 상태에 빠져 있다.

> 우리가 '타자에 대한 무관심'이라고 명명하게 될 태도가 바로 이것이다. 이때 타자들에 대한 하나의 '맹목성'이 문제가 된다. (……) 이때 나는 일종의 사실적인 유아론을 실천한다. 타자들은 거리를 지나가는 이 형태들이며, 거리를 두고서 작용할 수 있는 마술적인 객체들이다. (……) 나는 그것들에 대해 거의 주의를 기울이지 않으며, 나는 마치 내가 세계에 홀로 있는 것처럼 행동한다. (……) 나는 그들이 나를 바라볼 수 있으리라고 상상도 못 한다. (……) 이 맹목성의 상태에서 나는 나의 즉자존재와 나의 존재의 근거로서, 특히 나의 '대타-신체'의 근거로서 타인의 절대적인 주체성을 함께 무시한다. 어떤 의미에서 나는 안심한다. 나는 '뻔뻔스럽다'. 다시 말해 나는 타인의 시선이 나의 가능성들과 나의 신체를 응고시킬 수 있다는 것에 대해 전혀 의식하지 않는다. 나는 '소심'이라고 명명되는 상태와는 반대되는 상태에 있다. (……) 나는 내가 소외되었다고 느끼지 않는다.[43]

하지만 사르트르는 무관심 역시 궁극적으로는 실패로 귀착된다고 본다. 그 주된 이유는 다음과 같다. 내가 이와 같은 무관심 속에서 아무리 타자를 무시하고, 그에 의해 결코 객체화될 수 없다고 생각해도, 타자는 언제 어느 곳에서나 나를 바라보면서 나를 객체화할 수 있다. 또한 내가 타자와 무관심의 관계만을 맺는다면, 나는 결코 나 자신의 존재근거를 확보하지 못할 것이다. 그도 그럴 것이 타자는 나를 바라보면서, 즉 주체성의 상태에 있으면서 나를 객체화함과 동시에 나의 존재근거를 부여해주는 존재이기 때문이다.

마지막으로 사르트르는 제2태도를 중심으로 정립되는 이와 같은 관계, 즉 성적 욕망, 사디즘, 무관심을 다룬 뒤에 증오의 관계를 다룬다. 사르트르에 따르면 증오는 타자를 "살해하고자"[44] 하는 시도이다. 사르트르는 이런 시도를 내가 타자에게 취하는 "제3태도"[45]라고 규정하기도 한다. 이와 같은 태도는 타자가 나를 파멸시킬 수 있을 정도의 결정적인 비밀이나 약점을 알고 있는 경우에 나타나기 쉽다.

가령 다음과 같은 영화의 한 장면을 생각해보자. 어떤 어른이 살인을 저지르는 것을 어떤 어린이가 목격하는 장면이다. 어른은 어린이의 존재로 인해 자신의 완전범죄가 깨질 위험에 처했다는 것을 알게 된다. 이 경우에 어른은 완전범죄를 저지르기 위해 살인 장면을 목격한 어린이, 즉 유일한 증인을 이 세계에서 없애버리려고 시도할 수도 있을 것이다. 사르트르에 따르면 살인자 어른이 목격자 어린이를 살해하려는 시도가 바로 증오로 규정될 수 있다.

하지만 사르트르는 이런 증오도 궁극적으로는 실패라고 본다. 왜냐하면 설사 어린이라는 타자를 살해하는 데 성공할지라도, 그가 이 세계에 존재했다는 사실 자체를 없애는 것은 불가능하기 때문이다.[46] 살인을 한 어른의 모습은 그 장면을 목격한 어린이의 시선에 의해 영원히

박제되었다고 할 수 있다. 설사 어른이 어린이를 살해하는 데 성공할지라도, 어린이는 어른의 수치스러운 모습을 담고 있는 비밀의 열쇠를 무덤 속으로 가져가버릴 것이다.[47] 그로 인해 살인자로서의 이미지는 영원히 굳어진 형태, 곧 즉자화된 형태로 남아 있게 될 것이다.

　이와 같은 증오는 주체성을 사이에 둔 나와 타자 사이의 갈등과 투쟁이 영원히 악순환에서 벗어날 수 없다는 사실을 보여준다. 나는 타자와의 관계에서 한편으로는 그의 주체성을 빼앗기 위해, 다른 한편으로는 그의 주체성을 통해 나의 존재근거를 확보하기 위해 계속 제1태도와 제2태도를 중심으로 정립되는 관계들을 반복해야만 한다.[48] 다시 말해 나와 타자는 계속해서 서로 '응시하는-시선'과 '응시당하는-시선', 또는 '내려다보는-초월'과 '올려다보는-초월' 사이를 왔다 갔다 해야만 하는 것이다.[49] 사르트르는 이런 사실을 종합해서 타자가 존재하는 이 세계에 내가 출현한 것 자체가 '나의 원죄'라는 결론을 맺는다.

> 이렇게 해서 원죄原罪는 타자가 존재하는 세계 속에서의 나의 출현이다. 그리고 그 뒤에 내가 타자와 맺는 관계들이 어떤 것이든 간에, 그 관계들은 나의 죄의식이라고 하는 근원적인 주제의 변화들일 수밖에 없다.[50]

3
인간학 노선의
인간 이해

사회적·역사적 차원

지금까지 《존재와 무》, 《실존주의는 휴머니즘이다》 등을 중심으로 무신론적 실존주의와 현상학적 존재론의 관점에서 인간에 대한 사르트르의 이해를 살펴보았다. 1939년은 사르트르의 삶에서 중요한 분기점이라는 사실을 지적한 바 있다. 그해에 제2차세계대전을 계기로 사르트르에게 '전회'가 일어난다. 그는 1939년 9월에 이 전쟁에 동원된다. 앞에서 그가 이 전쟁을 계기로 인간의 사회적·역사적 차원, 인간들 사이의 연대성, 마르크스주의와 계급투쟁을 발견했다는 사실을 언급했다.

인간에 대한 사르트르의 이해는 전쟁 전에는 고립된 개인에 국한되었다. 하지만 그는 전쟁에 동원되면서 인간이 사회적·역사적 지평 위에 선 존재라는 사실을 자각하게 된다. 이 자각을 바탕으로 그는 역사·사회 형성의 주체로서의 인간들과 그들에 의해 형성되는 집단들의 변화·발전을 지배하는 법칙이 무엇인가를 탐색한다. 이런 노력의 결과가 바로 《변증법적 이성비판》으로 집대성된다.

《변증법적 이성비판》은 크게 세 부분으로 구성된다. 서론에 해당하는 〈방법의 문제Questions de méthode〉에 이어 "실천적 총체들의 이론"이라는 부제가 달린 1권은 1960년에, "역사의 가지성"이라는 부제가 달린 2권은 사르트르 사후인 1985년에 미완의 상태로 출간되었다. 사르트르는 이렇게 세 부분으로 구성된 《변증법적 이성비판》에서 역사적·구조적 인간학을 정립하고자 노력한다. 그러면서 무신론적 실존주의 차원보다 훨씬 더 광범위한 차원에서 인간 이해를 시도하는 한편, 이런 시도를 칸트의 저서의 제목을 패러디해 "미래의 모든 인간학에 대한 프롤레고메나"[51]로 지칭한다. 여기에서는 사르트르의 이런 시도를 따라가면서 인간학 관점에서 그가 시도하는 인간 이해를 살펴보고자 한다.

욕구와 실천의 주체

앞서 사르트르가 무신론적 실존주의 차원에서 인간을 이해하고자 제시한 몇몇 테제를 보았다. 신의 부재, 우연성과 무상성, 실존의 본질에의 선행, 자유와 기투, 책임 등이다. 이 테제들은 인간학 차원에도 그대로 적용되는 듯이 보인다. 하지만 사르트르가 《변증법적 이성비판》 전체를 관통하는 방법(이것은 〈방법의 문제〉에서 정립된다)은 자신의 무신론적 실존주의, 마르크스주의, 프로이트의 정신분석학을 결합한 것이다. 이런 이유로 사르트르의 전·후기 사유 사이에 이른바 '인식론적 단절'[52]이 있는가의 여부가 항상 쟁점이 된다. 물론 대부분의 사르트르 연구자는 이런 단절을 부인하는 실정이다.

《변증법적 이성비판》에서는 다음과 같은 요소가 모든 논의의 출발점이 된다. 이 세계에 있는 '다수의 인간'과 '희소성'이 그것이다. 사르트르는 이 두 요소를 '우연적이고 필연적인 사실'로 받아들인다. 즉 "우리의 우연성의 필연성 또는 우리의 필연성의 우연성"[53]이다. 이는 신의 부재에서 기인하는 모든 존재의 우연성·무상성과 그 궤를 같이한다.

하지만 이와 같은 유사성에도 불구하고 인간이 추구하는 최종 목표에서는 차이가 뚜렷하다. 《존재와 무》 차원에서 인간의 최종 목표는 신이 되는 것이었다. 반면 《변증법적 이성비판》에서 인간은 '비非존재le non-être'의 나락으로 떨어지지 않기 위해 자신의 '생물학적 욕구'를 충족하는 것을 최종 목표로 삼는다. 비존재는 죽음과 동의어이다. 인간은 이렇듯 자신의 생명 유지와 보호를 최종 목표로 설정한다. 어쨌든 사르트르의 인간학 차원에서 인간은 자신의 생명 보존을 최종 목표로 삼는 '생물학적 유기체'로 정의되고 있음이 분명하다.

《존재와 무》 차원에서 인간은 세계-내-존재로 정의되었다. 다시 말해 인간은 그를 에워싸고 있는 세계와 관계를 맺으면서 신이 되고자 하는 욕망을 실현하려고 한다. 이와 마찬가지로 사르트르의 인간학 차원에서도 인간은 이 세계와의 관계 속에서 자신의 욕구를 충족시키고자 한다. 그렇지만 여기서 이 세계는 인간을 에워싸고 있는 '물질적 세계' 또는 '물질적 환경'으로 지칭된다. 요컨대 인간은 이제 그를 에워싸고 있는 물질적 세계 또는 물질적 환경에서 자양분을 얻으면서 삶을 영위해나가야 하는 존재로 규정된다.

《존재와 무》의 시각으로 보면 인간에게서는 실존이 본질에 선행한다고 했다. 다시 말해 인간은 미래를 향해 자기 자신을 기투하면서, 자기 자신을 만들어가면서, 곧 실존하면서 자신의 본질을 만들어간다고 했다. 이런 의미에서 인간은 기투·행동·창조, 곧 실존의 주체로 여겨졌다.

《변증법적 이성비판》에서도 인간은 여전히 기투의 주체로 여겨진다. 하지만 사르트르는 이 책에서 기투·행동·창조, 곧 실존이라는 용어보다는 오히려 '실천praxis'이라는 용어를 더 선호한다. 인간은 자신을 에워싸고 있는 물질적 세계에서 자신의 욕구를 충족시키는 한편, 이 세계에 있는 물질을 가공하면서 "아직까지 존재하지 않았던 것"[54]을 만들어낸다. 이렇게 해서 물질적 세계는 인간의 '실천의 장場'이 되고, 또 인간은 실천의 주체가 되는 것이다. 인간은 또한 그렇게 하면서 '역사' 형성에 기여한다. 이런 시각에서 보면 《존재와 무》와 《변증법적 이성비판》 사이에는 큰 차이점이 없다고 할 수 있다.

앞에서 말했듯 《존재와 무》 차원에서는 인간들 사이의 관계가 갈등과 투쟁으로 귀착한다. 주체성의 위치를 선점하기 위한 시선 투쟁이 그것이다. 그런데 《변증법적 이성비판》에서도 인간들 사이의 관계는 대립·갈등·투쟁으로 귀착한다. 뒤에서 다시 보겠지만 인간들이 구성한 집단들 사이의 관계 역시 대립·갈등·투쟁으로 점철된다. 이런 점에서도 사르트르의 전·후기 사유는 인간에 대한 이해에서 큰 차이점이 없다고 할 수 있다.

사르트르의 인간학 차원에서 보면, 인간이 자신의 욕구를 충족시키고자 하는 물질적 세계는 다수의 인간과 희소성의 지배를 받는 세계이다. 그로부터 일차적으로 다음과 같은 결론이 도출된다. 희소성에 의해 매개된 인간들 사이의 관계는 갈등과 대립에 노출될 수밖에 없다는 것이다.

물질적 세계에는 다수의 인간이 필요로 하는 자원의 양이 한정되어 있다. 또한 인간들은 시간과 공간 면에서도 희소성의 지배 아래에 놓여 있다. 인간들의 필멸성과 지구라는 생활공간을 생각해보라. 이런 상황에서는 어떤 물질이 나에 의해 '지금, 여기에서' 사용되면 이 물질은 다른 사람들에 의해 '지금, 여기에서' 사용될 수가 없다. 이런 이유로 인간은 다른 인간들과의 관계에서 '반反인간'이 될 수 있다. 그리고 이 인간의 실천은 다른 인간들의 실천을 방해하는 '반反실천'이 될 수 있다. 이렇듯 희소성에 매개된 인간들 사이의 관계는 필연적으로 대립·갈등·투쟁으로 귀착된다는 결론이 도출된다.

> 실제로 인간에 대해 그 어떤 것도—맹수도 병균도—, 인간의 지성을 이해할 수 있고, 좌절시킬 수 있으며, 정확히 인간의 파괴가 자신의 목적일 수 있는 지성을 가졌고, 육식을 하는 이 잔인한 종種보다 더 무섭지는 않을 것이다. 이 같은 종은 바로 희소성이 지배하는 환경에서 모든 인간을 통해 타자들에게서 포착되는 인간 자

신인 것이 분명하다.[55]

이런 면에서 보면《존재와 무》와《변증법적 이성비판》사이에는 연속성이 있다. 하지만 인간들 사이의 관계를 이처럼 단순히 다수의 인간의 존재와 희소성이라는 두 요인에 입각해 대립·갈등·투쟁으로 결론짓는 것은 일차원적이라고 할 수 있다. 의식의 주체이자 사유하는 능력을 지닌 인간은 혼자서, 또 특히 다른 사람들과 힘을 합쳐 희소성을 극복하려고 노력할 수 있다. 실제로 인류의 역사는 희소성을 극복하기 위한 역사라고 할 수 있다.[56]

다만 문제는 인간이 혼자 또는 다른 사람들과 함께 희소성을 극복하기 위해 노력하는 경우, 그 결과가 항상 긍정적이지만은 않다는 데 있다. 그러니까 희소성은 인간들의 관계에서 이중의 반대되는 역할을 수행한다. 하나는 그들을 대립·갈등·투쟁으로 이끄는 역할이고, 다른 하나는 그들을 하나로 뭉치게 하는 역할이다. 문제는 특히 후자의 역할이 항상 긍정적인 결과로만 이어지진 않는다는 것이다. 인간 또는 인간들의 실천은 희소성 극복을 겨냥하기 때문에, 그 결과물은 당연히 그들 사이의 대립·갈등·투쟁을 완화하는 데 기여해야 할 것이다. 하지만 사르트르는 인간들의 실천의 결과물이 항상 이런 긍정적인 결과만을 낳진 않는다고 본다. 왜 그럴까? 사르트르는 그 답을 '실천적-타성태' 개념에서 찾는다.

실천적-타성태

실천적-타성태le pratico-inerte라는 용어는 어원적으로 '실천'이란 의미를 가진 'praxis(프락시스)'와 '무기력한', '타성태적인' 등의 의미를 가진 'inerte(이네르트)'의 결합어이다. 좀 더 자세히 살펴보면 'pratico(프라티코)'는 'praxis'가 다른 단어와 결합할 때 변형된 형태이고, 'inerte'는 '무기력', '타성태' 등의 의미를 가진 명사 'inertie(이네르시)'의 형용사형이다. 이 용어는 어원적으로 '실천을 무기력하게 만드는' 정도의 의미를 지닌다.

그런데 실천적-타성태는 《변증법적 이성비판》에서 가장 중요한 개념 가운데 하나이다. 이 책의 1권이 1960년에 출간되었다는 사실을 상기하자. 이때는 실존주의의 뒤를 이어 구조주의가 한창 유행하던 시기이다. 사르트르는 구조주의의 핵심 개념인 '구조'에 맞서 실천적-타성태라는 개념을 사용했다고 할 수 있다. 그렇다면 이처럼 중요한 실천적-타성태는 과연 어떤 개념일까?

앞에서 인간은 자신을 에워싸고 있는 물질적 세계에서 자신의 생물학적 욕구를 충족하면서 거기에 있는 물질을 가지고 뭔가를 만들어낸다고 했다. 우리는 이것을 실천이라고 지칭했고, 이 개념이 무신론적 실존주의의 기투·행동, 곧 실존 개념에 해당한다고도 했다. 사르트르는 이런 실천을 '가공된 물질'을 만들어내는 행위와 같다고 본다. 다시 말해 물질적 세계에 있는 어떤 '물질'에 인간이 자신의 '주체성'을 투사해서, 즉 그 자신의 표지標識를 새기고 기입하면서 가공해내는 것이다.

인간이 이런 가공된 물질을 만들어내는 것은, 자신을 위협하고 다른 사람들과의 관계를 대립·갈등으로 유도하는 희소성을 극복하고자 하는 것이다. 따라서 인간들에게 가공된 물질의 효과는 항상 긍정적이어야 할 것이다. 여기에서 긍정적이라는 것은 가공된 물질이 희소성 극복에 기여하고, 나아가 인간들 사이에 맺어지는 대립·갈등을 완화하는 데 기여해야 한다는 의미이다.

그런데 사르트르에 따르면 이와 같은 인간들의 실천의 결과물, 즉 가공된 물질이 오히려 인간들의 그다음 실천을 방해하는 결과를 초래할 수도 있다. 다시 말해 가공된 물질이 그것을 이 세계에 출현시킨 인간에게 느닷없이 '적의를 내보이며' 그의 실천을 방해하는 '반反목적성'을 드러내 보일 수 있다는 것이다.

그 내력은 이렇다. 인간들이 자신들의 실천을 통해 가공된 물질을 만들어낸다. 그런데 이 가공된 물질이 기존의 실천의 장이었던 물질적 세계에 포함되어 인간들이 새로이 행하는 실천의 여건을 구성하게 된다. 이때 가공된 물질이 포함된 새로운 여건이 인간들의 새로운 실천에 불리하게 작용하는 것도 가능하다. 이렇듯 인간들의 실천의 결과물이 그들의 새로운 실천을 방해하고 무기력하게 만들어버리는 현상, 사르트르는 이것을 실천적–타성태로 규정한다.

예를 들어보자. 인간들이 자동차(가공된 물질)를 고안하고 만들어낸 것(실천)은 시간과 공간의 희소성을 극복하기 위해서이다. 그런데 명절에 귀성길에 오른 수많은 자동차로 인해 고속도로가 꽉 막힌 경우를 상정해보자. 평소라면 5시간 정도 걸려 갈 수 있는 곳을 10시간 이상 걸려 도착하는 것이 다반사이다. 이 경우에 자동차(가공된 물질)로 인해, 귀성길에 오른 사람들이 고향을 찾는 일(자동차 제작 이후의 실천)에 불편을 겪게 되는 것이다. 이때 자동차들은 그 이용자들에게 실천적–타성태로 기능한다고 할 수 있다.

또 다른 예를 들어보자. 언어 사용을 규제하는 '문법'의 예이다. 만약 내가 프랑스어를 배운다면, 나는 프랑스어 문법에 맞는 문장을 사용해야 할 것이다. 그런데 문법이란 무엇인가? 이것은 프랑스어를 고안해낸 프랑스인들이 지금까지 계속 사용한, 또 현재 사용하고 있는 헤아릴 수 없이 많은 문장에서 도출한 규칙이다. 그러니까 문법은 일종의 가공된 물질(문법은 비물질적이긴 하지만)에 속한다. 이 문법은 내가 프랑스어 문장을 사용하면서 아무 문장이나 마구 지어내는 것(미래 차원에서 이루어지는 나의 실천)을 규제하고 통제한다. 이때 프랑스어 문법이 나에게는 실천적–타성태로 작용하는 것이다.

이런 관점에서 보면 인류가 지금까지 만들어낸 모든 것, 기계·건물·법·제도·학문·역사 등등은 실천적–타성태 개념에 속한다. 사르트르는 그중에서도 특히 '역사'에 주목한다. 사르트르의 사유에서 인간은 역사를 만들어나가는 주체이다. 그런데 인간은 자신이 만들어낸 역사를 가지고, 그 역사 속에서 새로운 역사를 만들어나가는 주체이기도 하다. 이렇듯 역사 그 자체가 바로 실천적–타성태 개념에 속한다고 할 수 있다.

집렬체와 지옥

사르트르는 실천적-타성태 개념을 통해 인간들이 희소성을 극복하기 위해 형성한 군집 속에서 서로 대립·투쟁하는 관계로 발전할 수밖에 없다는 사실을 밝힌다. 이런 군집 가운데 하나가 바로 '집렬체série'이다. 사르트르는 인간들의 실천으로 이 세계에 출현하는 가공된 물질은 인간들의 관계를 '집렬체화'하고, 또한 이들을 대립하는 두 부류의 군집으로 갈라놓는다고 주장한다. 왜 그럴까?

먼저 집렬체화 현상을 보자. 인간들이 힘을 합쳐 가공된 물질을 만들어내는 것은 희소성을 극복하고 인간들 사이의 대립·갈등을 완화하기 위해서이다. 그런데 이 가공된 물질이 발산하는 실천적-타성태의 역작용으로 인해 인간들의 관계는 고립되고 분산된 단순한 병렬적 군집을 구성하는 자들의 관계가 되는 것을 피할 수가 없다. 사르트르는 이와 같은 현상이 바로 집렬체화라고 말한다.

사르트르에 따르면 희소성에 대항하기 위해 한데 뭉친 인간들은 서로가 서로에게서 '자기'를 본다. 즉 이들은 '하나'인 것이다. 그런데 가공된 물질을 매개로 재정립되는 이들의 관계는 '이타성異他性, altérité'의 출현으로 특징지어진다. 다시 말해 가공된 물질 앞에서 이들은 서로가 서로에게서 '자기와 다른 자기'를 보게 되는 것이다. 사르트르는 이런 변화를 집렬체화로 이해하고, 또 이를 바탕으로 집렬체가 형성된다고 본다. 그리고 집렬체에서 구성원들의 관계는 대립·갈등·투쟁으로 점철된다는 것이 사르트르의 계속되는 주장이다.

그 과정을 구체적인 예를 통해 살펴보자. 사르트르는 집렬체화와 집렬체의 형성을 보여주기 위해 '버스 정류장에서 버스를 기다리는 승객들'을 예로 든다.[57] 버스는 분명 가공된 물질이다. 이것을 제작한 목적은 승객들에게 시간과 공간의 희소성을 극복하게 하는 것이다. 그런데 버스는 이들의 행동을 제약함과 동시에 이들의 관계를 갈등·대립, 극단적인 경우에는 투쟁으로 유도한다.

버스에 오를 수 있는 정원은 정해져 있다는 사실을 먼저 떠올리자. 버스가 정원만큼 승객을 태운 뒤에 어떤 사람이 정류장에 도착했다면, 그는 다음 버스를 이용해야 할 것이다. 이처럼 버스 승객들은 자신들이 제조한[58] 버스를 이용함에도 불구하고, 버스와의 관계에서 수동적인 입장에 놓인다. 이것은 승객들의 행동이 버스에 의해 제약된다는 것을 의미한다. 이미 실천적-타성태가 작동하기 시작한 것이다.

그렇다면 버스를 기다리는 승객들은 어떤 상태에 있는가? 이들 사이에는 아무런 차이가 없다. 물론 이들이 성性·신분·나이 등으로 구별되고 고립되어 있는 것은 사실이다. 하지만 이들은 같은 노선의 버스를 타기 위해 같은 시간에 정류장에 나와 있다는 점에서는 전혀 구별되지 않는다. 그렇기 때문에 '나'는 내 옆에 있는 다른 승객들에게서 나를 본다. 즉 동일한 자기를 본다. 이것은 모든 승객이 "상호 교환적"[59]이라는 의미이다. 하지만 버스라는 가공된 물질의 매개를 통해 그들을 볼 때, 나는 그들에게서 나와는 다른 나, 곧 다른 자기를 보게 된다. 다시 말해 이타성을 지닌 자들을 보게 되는 것이다.

이것은 버스에 의해 매개된 나와 나머지 승객들의 관계가 경쟁적이고 대립적이 될 수 있다는 의미이다. 그도 그럴 것이 버스를 기다리는 승객 수는 내가 버스를 탈 수 있는 가능성과 반비례하기 때문이다. 다시 말해 버스를 기다리는 승객들의 수가 많으면 많을수록 나는 점점 더 '잉여적'이 된다.[60] 정원이 제한된 버스를 타고자 하는 승객의 수가 많아지면 각자가 지니는 잉여적 특성은 그만큼 더 커지게 된다.

물론 승객들이 버스를 기다리면서 이렇게 서로 잉여적이 된다고 해도 이들 사이에서 다툼이나 투쟁이 발생하는 일은 현실적으로 드물다. 왜냐하면 이들은 정류장에 온 순서대로 버스에 오르고, 대개 그다음 버스가 얼마 뒤 도착하기 때문이다. 또는 다른 교통수단을 이용할 수도 있다. 그러므로 승객들 사이에서 대립이나 갈등이 일어나는 경우는 흔치 않다.

하지만 생명이 경각에 달린 급박한 상황에서는 대립·갈등·투쟁이 나타나는 것이 오히려 더 자연스러울 것이다. 예컨대 전쟁 중에 피난 열차에 오르려고 하는 사람들 사이에 벌어지는 아비규환의 다툼은 말 그대로 생지옥과 같다. 이렇듯 버스, 나아가 피난 열차에서 비롯된 실천적-타성태가 지배하는 집렬체에서 그 구성원들 사이의 관계는 대립·갈등·투쟁으로 귀착한다.

집단적 갈등과 투쟁

버스를 기다리는 승객들의 경우에는 버스에서 발산되는 실천적-타성태로 인해 그들 사이에 발생하는 대립·갈등이 개인적 차원에 그친다.

하지만 사르트르에 따르면 실천적-타성태로 인해 집렬체에서 발생하는 대립·갈등은 집단적 차원으로 발전하게 된다. 왜 그럴까? 이 질문에 답하기 위해 다음과 같은 사실을 먼저 지적하자. 가공된 물질은 소유의 대상이 된다는 것이다. 다시 말해《존재와 무》에 제시되었던 함의 범주에서 가짐의 범주로의 환원이 여기에 적용된다. 또한 다시 가짐의 범주에서 있음의 범주로의 환원도 여기에 적용된다. 따라서 가공된 물질의 소유 여부는 그 소유주의 있음, 곧 그의 존재론적 힘을 그대로 보여준다. 요컨대 이 세 범주 사이에 이중의 환원이 있는 것이다.

그런데 사르트르는《변증법적 이성비판》에서 이와 같은 이중의 환원에 '요구', '이해관계', '운명' 개념을 덧붙인다. 우선 가공된 물질(예컨대 기계)은 그 소유주에게 그것의 수량을 증가시켜달라고 요구한다는 것이 사르트르의 주장이다. 게다가 소유주는 자신이 소유한 기계에서 발산되는 이런 요구를 거절할 수 없다. 왜냐하면 기계 수의 증가는 곧 소유주 자신의 존재론적 힘의 강화를 의미하기 때문이다. 함의 범주는 가짐의 범주로, 또 가짐의 범주는 있음의 범주로 환원된다는 것을 상기하자. 게다가 사르트르는 요구를 "정언명령"과 같은 것으로 여긴다.[61]

하지만 소유주의 이와 같은 조치에는 후폭풍이 따른다. 기계의 소유주가 기계 수를 증가시키라는 기계의 요구에 응하면 응할수록 그것을 작동시키고 또 그것에 봉사하는 자(가령 노동자)는 자신의 존재를 확보하고 유지하는 데 더 불리한 위치에 서게 된다. 실제로 기계의 소유주는 최소 비용으로 기계를 운영해 최고의 생산성을 얻고자 할 것이다. 이때 소유주는 생산비에 포함되는 기계를 작동시키는 비용, 곧 노동자의 임금을 최대한 줄이려고 할 것이다. 또한 노동자의 임금을 올려주는 경우에도 그 인상폭을 최소화하고자 할 것이다. 그런데 이와 같은 임금 감소 또는 임금 상승폭의 최소화는 그대로 노동자의 가짐의 감소로 나타나고, 이것은 다시 그의 존재론적 힘의 약화, 곧 그의 있음의 약화로 이어지게 될 테다.

사르트르는 이처럼 소유주가 소유 대상인 기계에서 그 자신의 이해관계를 본다고 주장한다. 또한 노동자는 같은 기계에서 자신의 운명을 본다는 것이 그의 계속되는 주장이다. 그런데 이런 이해와 운명은 서로 대립한다. 실제로 노동자의 운명은 '반反이해관계'로 규정된다. 다시 말해 동일한 기계와의 관계에서 소유주와 노동자가 각각 발견하는 이해와 운명의 관계는 정면으로 대립한다.

이 모든 상황이 인간이 희소성을 극복하기 위해 생산해낸 기계에서 발산되는 실천적–타성태가 작용한 결과라는 사실을 잊지 말자. 그런데 사르트르는 이번에는 이 실천적–타성태가 집단 차원에서의 대립·갈등·투쟁을 야기한다고 주장한다. 좀 더 구체적으로 사르트르는 마르크스주의적 '계급투쟁'의 기원을 실천적–타성태에서 찾는다. 이것이 어떻게 가능한가?

이 질문에 답하기 위해 다음과 같은 사실에 주목하자. 방금 살펴본 요구·이해관계·운명이 '일반성'을 갖는다는 것이다. 사르트르는 이 세 개념이 하나의 기계, 한 명의 소유자, 한 명의 노동자에게만 해당되는 것이 아니라 모든 기계와 "불특정 다수에 속하는 동류의 사람들"[62]에게 해당된다고 주장한다. 그렇기 때문에 방금 살펴본 요구·이해관계·운명 개념은 집단적 성격을 띠게 된다.

어떤 한 사회에서 생산된 '가공된 물질 전체'(이것은 사회적 부富와 동의어이다)는 유산계급에 속하는 자들의 수중에 대부분 있다. 이들은 자신들이 소유한 대상에서 자신들의 이해를 발견한다. 그리고 이 소유 대상에서 발산되는 수량 증식 요구를 거절할 수가 없다. 이 요구를 거절하는 것은 자신들뿐 아니라 자신들이 속한 유산계급의 존재론적 힘이 약화하는 결과를 초래할 것이다. 그리고 유산계급에 속하는 자들이 이 요구에 응하는 것은 그대로 무산계급에 속하는 자들의 존재론적 힘이 약화하는 결과로 이어질 것이다. 이런 상황에서 두 계급에 속하는 자들의 대립·갈등·투쟁은 필연적이다.

융화집단과 그 이후

융화집단

사르트르는 이처럼 실천적—타성태의 작용으로 인해 한 사회에 속하는 두 계급 사이의 대립과 갈등이 격화되어, 무산계급에 속하는 자들은 자신들을 '삶과 죽음'이 문제시되는 상황에 빠뜨린 유산계급에 속하는 자들과 전면적인 투쟁을 벌이게 된다고 본다.[63] 또한 이는 무산계급에 속한 자들이 삶을 변화시키는 것은 더 이상 불가능한 상황[64]으로 이해되기도 한다. 어쨌든 사르트르는 이 순간을 '혁명'이 발생하는 '묵시록적' 순간으로 규정한다.[65] 프랑스대혁명이 발발한 순간을 상상해

보자. 집렬체 상태에 있는 사회가 이 순간에 하나의 '융화집단'으로 변모하게 된다는 것이 사르트르의 주장이다.

사르트르에 따르면 융화집단은 다음과 같은 몇 가지 특징이 있다. 첫째, 융화집단은 '공동 실천'이 이루어지고 있는 동안에만 존재할 뿐이다. 그 구성원들이 공동 목표를 향해 함께 행동하는 경우에만 이 집단이 존속할 수 있다. 그렇기 때문에 이 집단의 구성원 전체, 더 정확하게 말하자면 무산계급에 속하는 자는 누구나 자신의 실천의 주인이고 또 그 결과에 대한 책임을 진다는 의미에서 '주체'라고 할 수 있다.

사르트르는 이와 같은 융화집단의 예로 프랑스대혁명이 발발했을 때 바스타유 감옥을 향해 돌진한 파리 시민들을 든다. 파리 시민들은 돌진하는 동안에만 융화집단을 형성할 수 있을 뿐이고, 이들이 모두 자신의 실천의 주체라는 점은 의심의 여지가 없다. 다만 융화집단은 그 구성원들의 공동 실천의 순간에만 존재 권리를 갖는다는 특징으로 인해 이 집단이 존속하려면 합당한 조치를 취해야 한다는 문제가 제기된다.

둘째, 융화집단은 '우리' 또는 '우리-주체'[66]의 세계이다. 집렬체는 이타성에 의해 지배되지만 융화집단은 '완전한 상호성'에 의해 지배된다. 이 집단에서 나와 타자들 사이에는 구별이 있으면서도 없는 상태이다.

셋째, 그렇기 때문에 융화집단은 '편재성'의 세계이다. 나와 타자들 사이에 아무런 차이가 없기 때문에 내가 지금, 여기에 있는 것은 타자들이 지금, 저기에 있는 것과 같다. 따라서 이 집단에서 구성원 한 명이 더 늘어난다는 것은 이 집단의 힘이 그만큼 강화된다는 의미이다.

앞의 예에서 버스를 기다리는 승객이 한 명 늘어나면 그만큼 승객들의 잉여성이 증가하고, 따라서 그들 사이에 대립·갈등이 발생할 가능성이 증가한다고 했다. 하지만 융화집단에서는 그 반대의 상황이 펼쳐진다. 바스티유 감옥을 공격하는 혁명군에 파리 시민 한 명이 가세한다면, 이것은 곧 혁명군의 힘의 강화로 이어진다.

넷째, 융화집단은 '기존의 폭력'에 맞서는 '대항폭력'에 의해 형성되는 경우가 대부분이다. 물론 비폭력적·평화적 방법에 의해 융화집단이 형성되는 경우도 있다. 연극 공연, 음악 콘서트, 단체 스포츠 경기 등이 그렇다. 하지만 한 사회 내부에서 삶과 죽음이 문제시되는 극한 상황, 즉 기존의 폭력이 극에 달한 상황을 떠올려보자. 이때 무산계급에 속하는 자들이 자신들에게 폭력을 가하는 유산계급에 속하는 자들을 타도하려면 또 다른 폭력에 호소할 수밖에 없을 것이다. 마르크스주의에서 내세우는 계급투쟁이 여기에 해당한다.

서약과 서약집단

융화집단의 특징들을 알아보면서 이 집단이 공동 실천을 행하는 동안에만 존재할 뿐이고, 따라서 이 집단을 존속하려면 합당한 조치가 필요하다는 사실을 언급했다. 이와 관련해 사르트르는 '서약serment' 개념을 제시한다. 《변증법적 이성비판》에서 이 개념은 실천적–타성태 개념과 더불어 가장 중요한 개념 가운데 하나라고 할 수 있다.

그렇다면 서약은 어떤 개념일까? 융화집단의 구성원들이 열망했던 목표를 이루는 데 성공했다고 가정하자. 성공 순간에 구성원들의 기쁨은 최고조에 달하지만, 곧이어 '반성'의 시간이 도래한다는 것이 사르트르의 주장이다. 목숨을 건 싸움에서 승리를 거둔 이들은 지쳐 있다. 잠시 퇴각한 적은 아직 반격의 기미를 보이지 않고 있지만, 전열을 다시 정비해서 언제 공격해올지 모르는 상황이다. 이런 상황에서는 융화집단 구성원들 사이의 결속도가 약해지는 현상이 나타날 수 있다. 그렇게 되면 구성원들이 형성한 융화집단이 와해될 수도 있다. 다시 말해 구성원들이 생명을 걸고 벗어나고자 했던 집렬체의 상태로 다시 돌아갈 수도 있는 것이다.

　이런 상황에서 그 집단의 구성원들은 무엇을 할 수 있을까? 이 질문에 대한 답이 바로 서약이다. 다시 집렬체의 상태로 와해될 우려가 있는 융화집단의 상태를 계속해서 유지하려고 구성원들이 서약을 한다는 것이다. 사르트르에 따르면 서약은 집단의 영속을 위해 구성원들이 집단의 이름으로 자신들의 '자유'를 저당 잡히는 "실천적 고안"[67]이다. 그리고 서약과 더불어 융화집단은 이제 '서약집단groupe assermenté'으로 이행한다는 것이 사르트르의 주장이다.

　그렇다면 이처럼 융화집단에 변화를 가져오는 서약은 구체적으로 어떤 개념일까? 사르트르는 서약의 특징으로 세 가지를 든다. 첫째, 서약의 주체는 집단의 구성원들 전체이고, 그 내용은 집단의 이익에 해를 끼치지 않겠다는 것이다. 누구도 예외가 될 수 없다. '우리'를 형성한 구성원들 모두가 서약을 해야만 한다. 서약은 항상 "우리는 맹세합니다" 또는 "맹세하자" 등의 형식으로 이루어진다. 그리고 집단을 배신하지 않겠다는 서약을 맺게 되는데, 가령 이 집단의 안전을 위협하는 비밀 정보 등을 누설하지 않겠다는 내용이다.

둘째, 서약은 "매개된 상호성"[68]이다. 융화집단의 구성원 가운데 한 사람으로서 '나'는 '집단의 이름으로', 또 '다른 구성원들 앞에서' 이 집단의 이익을 해치지 않겠다고 서약을 한다. 그런데 나는 이렇게 서약하면서 다른 구성원들에게 내 앞에서 같은 내용을 서약하도록 요구할 권리를 갖는다. 게다가 이런 요구권은 집단 구성원 모두에게 귀속된다. 다시 말해 구성원 모두가 모두에게 이런 요구권을 갖는 것이다. 이런 의미에서 서약은 철저하게 상호적이다.

셋째, 서약은 단순한 언어상의 다짐이 아니라 위반하는 경우에 처벌이 뒤따르는 행위이다. 서약은 융화집단의 구성원 모두가 이 집단의 이름으로, 다른 구성원들 앞에서 행하는 언어적 다짐이다. 하지만 서약은 이런 언어적 다짐을 넘어선다. 이런 다짐 속에서 구성원 각자는 자신의 자유를 집단에 저당 잡히게 된다. 즉 각자가 집단의 이익에 해를 가하는 행동을 하지 않겠다고 다짐하는 것이다.

그리고 이런 다짐에는 '강제적 힘'이 수반된다. 이 힘의 원천은 바로 융화집단 구성원 모두의 자유가 저당 잡힌다는 데 있다. 이것은 서약에는 단순한 언어적 다짐을 넘어 그 위반자를 처벌할 수 있는 '폭력'이 내포되어 있다는 것을 의미한다. 그리고 이런 처벌에는 생명을 앗아가는 극단적인 처형까지도 포함된다. 물론 서약 위반자를 처형하는 폭력은 융화집단이 집렬체로 다시 돌아가 유산계급에 속하는 자들이 자행하는 '큰 폭력'에 무산계급에 속하는 자들이 희생자가 되는 일을 막기 위한 '작은 폭력'이라고 할 수 있다.

이런 의미에서 서약에 의해 가능해지는 폭력은 "동지애-공포

Fraternite-Terreur"[69]의 성격을 띤다는 것이 사르트르의 주장이다. 앞에서 서약에는 그 위반자를 처벌하는 폭력이 내포되어 있다고 했다. 또한 서약집단은 융화집단에서 이어지는 것이기 때문에 '우리'의 세계이다. 따라서 서약은 집단의 구성원 전체가 '우리'의 상태, 곧 모두가 동지인 상태를 계속 유지하기 위해 취하는 공포, 곧 폭력과 같다. 그런 만큼 서약집단은 동지애-공포의 세계일 수밖에 없다.

서약집단 이후 그리고 역사의 법칙

사르트르는 융화집단이 그 구성원들의 서약을 통해 서약집단으로 변신한 뒤에 다시 변화를 거듭한다고 본다. 그다음 단계는 '조직화된 집단groupe organisé'과 '제도화된 집단groupe institutionnalisé'이다. 먼저 서약집단이 조직화된 집단으로 이행하는 과정을 보고, 이어서 조직화된 집단이 제도화된 집단으로 이행하는 과정을 보자.

서약집단은 집단 구성원들의 결속을 효율적으로 유지하기 위해 이들 각자의 능력을 인정하면서 이전까지 분쇄하고자 했던 이타성을 부분적으로 다시 집단 내부에 허용하는 조치를 취하게 된다. 그 결과 서약집단은 조직화된 집단으로 이행한다. 사르트르는 이 이행을 보여주기 위해 축구팀을 예로 든다.

축구팀의 목표는 경기에서 승리를 거두는 것이다. 이를 위해 소속 선수 각자가 특정 포지션에 최적화되어 최고의 기량을 발휘해야 한다. 그래야만 이 팀은 소기의 목표를 달성할 수 있다. 물론 그 목표는 팀의 승리라는 공동 목표이다. 그런데 이처럼 승리라는 공동 목표를 위해 선수 각자가 자신의 능력을 최고도로 발휘하게 하는 것은 선수들 사이에 이타성을 도입하는 것과 같은 의미이다. 다시 말해 선수들 각자는 승리라는 공동 목표 앞에서 동일한 자기이지만, 개성과 능력에서는 점차 다른 자기가 되어간다. 곧 이타성이 허용되는 것이다. 물론 이와 같은 이타성의 도입은 당연히 이 팀의 결속도를 떨어뜨리는 부정적 효과를 낼 수도 있다. 하지만 서약집단은 이타성을 수용하고 도입하며 조직화된 집단으로 이행하면서 집단의 효율적인 운영과 관리를 도모하게 된다.

다만 문제는 이와 같이 도입된 이타성이 극대화될 때이다. 사르트르는 축구팀의 경우에 어떤 선수가 특정 포지션에서 전문화되어 최고의 효율을 발휘할 때, 이 선수를 다른 선수로 대체할 수 없게 된다는 점을 지적한다. 다시 말해 선수들 사이의 이타성이 극대화되는 것이다. 그렇게 되면 선수들 사이의 결속도는 현저히 낮아질 수 있다. 최고의 기량을 지닌 선수들을 모았지만 팀워크가 좋지 않은 축구팀이 거기에 해당할 것이다. 선수들 각자가 자기 기량을 뽐내는 데만 열중하고 팀의 승리라는 공동 목표를 위한 행동을 하지 않는다면, 이 팀의 승리는 요원할 것이다.

그럼에도 이 축구팀은 승리를 위해 노력해야 한다. 이때 팀은 승리 수당과 같은 새로운 제도를 도입해 선수들이 힘을 합치도록 하는 조치를 강구할 수 있다. 이처럼 사르트르는 조직화된 집단을 효율적으로 운영하기 위해 도입·허용된 이타성을 최소한이나마 규제하는 조치로 수많은 제도를 설립할 필요성을 제시한다. 그리고 이를 바탕으로 형성되는 제도화된 집단의 가장 전형적인 예로 '국가'를 든다.

국가의 주인은 그 구성원인 국민이다. 하지만 국가의 강제적 힘은 수많은 제도(행정부·의회·법원·군대·경찰·언론·병원·대학 등등)를 운영하는 자들, 곧 각 부문에서 전문화되어 대체 불가능하게 된 자들이 장악한다. 그 제도들이 발산하는 실천적-타성태의 작용으로 인해 대부분의 국민은 일상생활에서 다시 집렬체적 삶을 유지하게 된다. 이렇듯 제도적 집단은 구성원들이 극구 벗어나고자 했던 집렬체, 즉 이타성에 지배되어 지옥과도 같은 삶이 펼쳐지는 상태로의 회귀를 의미한다고 할 수 있다.

사르트르에 따르면 이와 같은 집렬체로의 회귀에 해당하는 제도적 집단에서 이 집단의 부를 대부분 소유한 자들이 자행하는 폭력으로 인해 그렇지 못한 자들의 삶과 죽음이 문제시되는 극단적인 상황이 되었을 때, 후자들은 다시 뭉쳐 하나가 되어 융화집단을 형성하게 된다. 물론 이렇게 해서 형성된 융화집단은 다시 서약집단, 조직화된 집단으로 이행하고, 마지막 단계에서는 제도화된 집단, 곧 집렬체로 다시 회귀한다. 이런 현실 속에서 대다수 국민의 삶 자체는 다시 이타성에 지배되어 극단적으로 위협받는 상황이 연출된다. 이런 상태가 바로 제도적 집단이다.

이런 일련의 과정이 바로 사르트르가 《변증법적 이성비판》을 통해 제시하고자 했던 인류의 역사의 기저에 놓인 법칙이라고 할 수 있다. 사르트르는 인류의 역사를 "재집단화와 화석화의 끊임없는 이중 운동"[70]으로 여긴다. 이 이중 운동은 집렬체에서 집단으로 이행하는 운동과 그 반대 방향으로 이루어지는 운동을 가리킨다. 실제로 사르트르는 집렬체와 융화집단 가운데 어느 것이 먼저 형성되었는지를 선험적으로 결정하는 것은 불가능하다고 생각한다. 다만 《변증법적 이성비판》에서는 논의의 편의상 집렬체가 먼저 존재하고, 그것이 융화집단으로 이행하는 과정과 그 이후의 과정을 다룬다.

3부

주체적 삶의
방해 요인을 극복하다

Jean-Paul
Sartre

•

1

험준한 길

2부에서는 인간에 대한 사르트르의 이해를 그의 전·후기 사유에서 실존주의 관점과 인간학 관점을 통해 살펴보았다. 이러한 논의 과정은 인간의 주체적 삶을 구현하기 위한 여정의 한 단계였다.

이 책을 시작하면서, 인간은 개인이기 때문에 누구나 자기 삶의 주인이 되는 것이 당연하다고 했다. 하지만 현실에서 이런 당위성은 이론적·사변적 구호에 그칠 공산이 크다고도 했다. 그렇다면 인간의 주체적 삶을 향한 여정에서는 다음과 같은 문제들이 자연스럽게 제기된다.

인간이 자기 삶의 주인이 되는 것을 어렵게 만들고, 나아가 불가능하게 만드는 요인은 무엇인가? 사르트르는 그에 대해 어떤 극복책을 제시하는가? 3부에서는 앞선 논의를 토대로 이 두 문제를 살펴보고자 한다. 여기에서도 인간 이해를 시도할 때와 마찬가지로 실존주의 관점과 인간학 관점을 구분해서 살펴볼 것이다.

2
실존주의 관점의
극복책

사물화 또는 자기기만의 유혹과 그 극복

사르트르가 인간을 이해하기 위해 기울인 노력에서 뚜렷하게 나타나는 특징 가운데 하나는 자유로운 기투·선택·실존·실천에 대한 강조이다. 특히 실존주의 차원에서 인간은 끊임없는 운동, 곧 초월로 여겨진다. 의식은 지향성을 계속 작동시켜야 한다. 그러니까 의식은 매 순간 자기에게 결여된 부분을 채우기 위해 무엇인가를 선택해야 한다. 이런 작동과 선택을 멈추면 인간은 사물의 존재 방식, 곧 즉자의 방식으로 존재하게 된다. 그런데 인간은 자기가 있는 곳에서 벗어나고자 하는 존재이고, 항상 다른 곳을 향해 가는 존재이다. 인간은 미래를 향해 죽을 때까지 자기 자신을 쉬지 않고 기투해야 하는 존재인 것이다.

하지만 이런 방식으로 존재하는 인간은 그와는 달리 자족적이고, 미래를 향해 자기 자신을 기투할 필요가 없는 사물과 같은 존재, 곧 즉자존재를 부러워할 수가 있다. 물론 인간은 자신의 의식의 무화작용, 지향성의 구조를 채우는 활동, 곧 초월을 통해 이 세계의 존재들과 관계를 맺고, 또 그것들에 의미를 부여한다. 이렇게 하면서 인간은 만물의 영장이라는 지위를 누리는 것이다. 그렇지만 인간은 계속해서 자신의 존재근거를 마련해야만 한다. 비록 사르트르는 이런 노력을 무용한 정열로 규정하지만 말이다.

사르트르는 이런 상황을 인간이 겪는 '실존적 고뇌'라고 말한다. 인간은 이 고뇌를 껴안고 자신의 실존을 정면으로 마주하면서 앞으로 나아갈 수 있다. 이것이 주체적 삶 또는 진정한 삶일 것이다. 하지만 모든 인간이 이런 삶을 영위하는 것은 아니다. 실존적 고뇌에서 도피해 존재론적으로 안정과 휴식을 취하고자 하는 인간도 없지 않을 테다. 존재론적 휴식과 안정을 바라는 인간은, 있는 그대로 다른 존재와 아무런 관계도 맺지 않으면서 존재하는 사물을 부러워하며 그런 사물과 같은 방식으로 존재하고자 시도할 수도 있다. 비록 그런 삶이 주체적이지도 진정하지도 않은 삶이라고 해도 말이다.

사르트르는 《존재와 무》에서 "대자존재에 대한 즉자존재의 존재론적 우위"[1]를 지적한다. 즉자의 방식으로 존재하는 사물은 대자의 방식으로 존재하는 인간에 비해 존재론적으로 더 안정된 상태라는 것이다. 가령 아주 힘든 상황에 처한 사람이 길 가는 개를 보고 "개 팔자가 상팔자"라며 푸념을 늘어놓을 수 있다. 그러니까 인간은 자기 자신의 삶과 실존에 대해 고뇌하지 않는 개를 부러워할 수도 있는 것이다.

정확히 거기에 인간이 실존의 고뇌에서 벗어나기 위해 자기 자신을 사물로 여기고자 하는 강한 유혹이 자리한다. 매 순간 자신의 의식을 작동시키면서 지금 있는 곳에서 벗어나 다른 곳으로 나아가려 하는 고된 작업을 인간은 멈추고 싶어 한다. 그러면서 그는 즉자존재가 되어 쉬고 싶어 하는 것이다. 요컨대 그는 자기 자신을 '사물화하고자' 한다. 이런 사물화의 유혹은 '자기기만mauvaise foi' 개념에서도 잘 드러난다.

사르트르의 사유에서 가장 독창적이라는 평가를 받는 자기기만 개념에 해당하는 프랑스어 표현은 'mauvaise foi(모베즈 푸아)'이다. 여기서 'mauvaise'는 '나쁜', '악의 있는', '불길한' 등의 의미이고, 'foi'는 '믿음', '신앙' 등의 의미이다. 따라서 직역하면 'mauvaise foi'는 '잘못된 믿음', '불성실', '악의' 등이 될 것이다. 이것과 반대되는 개념이 'bonne foi(본 푸아)'이며 '성실성', '신의', '솔직성' 등으로 옮겨진다. 'mauvaise foi'를 자기기만으로 옮기는 것은 이 개념 속에 인간이 자기 자신을 속인다는 의미가 들어 있기 때문이다.

자기기만은 거짓이나 속임수의 일종이다. 거짓이나 속임수가 성공하려면 다음과 같은 두 조건이 충족되어야 한다. 첫째, 내가 남을 속일 때(남이 나를 속일 때도 마찬가지이다), 나는 그를 속인다는 것과 속이는 내용을 알고 있어야 한다. 둘째, 그는 내가 그를 속인다는 것과 속이는 내용을 몰라야 한다. 그런데 자기기만에서 내가 속이고자 하는 당사자는 바로 나 자신이다. 자기기만도 거짓이나 속임수의 일종이므로 이것이 성공하려면 위의 두 조건이 충족되어야 한다. 하지만 자기기만에선 내가 속이려고 하는 당사자가 나 자신이기 때문에, 나는 나를 속일 수 없다. 결국 자기기만은 실패할 수밖에 없다.

사르트르는 이런 자기기만 개념을 설명하기 위해 《존재와 무》에서 몇몇 예를 든다. 애인과 데이트를 하면서 애인에게 손을 내맡기고 있는 정숙한 여성, 카페의 보이, 동성연애자 등의 예가 그것이다. 여기에서는 애인과 데이트를 하고 있는 정숙한 여인의 예를 보자.

이 정숙한 여성은 혼전에 애인의 손을 잡는 행위를 통해 쾌락을 느끼는 것에 대해 평소 죄의식을 갖고 있다. 그런데 애인이 데이트 도중에 그의 손을 잡는다. 그는 애인에게 자기의 손을 내맡기는 것이 점잖지 못한 행동이라고 여기면서 애인의 손을 놓으려고 한다. 하지만 손을 잡는 행위에는 쾌락이 수반된다. 따라서 그 여성은 계속 애인에게 손을 내맡긴 채로 있고자 한다.

하지만 그 여성은 데이트가 끝난 뒤 자기는 데이트 중에 점잖지 못한 행동을 하지 않았다고 생각하고 싶어 한다. 죄의식을 느끼지 않고 싶은 것이다. 그러기 위해 그는 어떻게 해야 할까? 답은 다음 두 가지이다. 첫째, 그는 스스로 '자신의 손이 애인의 손에 의해 잡혔다는 것을 의식하지 못했다'고 믿게 할 것이다. 둘째, 그는 남들에게도 똑같이 '그 여성은 자신의 손이 애인의 손에 의해 잡혔다는 것을 의식하지 못했다'고 믿게 하려고 할 것이다.

두 번째 경우는 거짓이나 속임수에 해당한다. 이 경우에 그 여성은 다른 사람들에게 거짓말을 하고자 하는 것이다. 반면 첫 번째 경우는 자기기만에 해당한다. 이 경우에 그는 자기 자신을 속이고자 하는 것이다. 이렇게 하는 것은 죄의식을 갖지 않기 위함이다. 그는 자신의 책임 하에 자기의 자유를 행사해 자기가 원해서 애인의 손을 잡았다는 것을 부정하려는 것이다. 그러기 위해서 그 여성은 애인과 데이트를 하는 동안 자기의 손이 사물, 즉 즉자존재였다고 생각해야 한다.

하지만 바로 그때 그 남자는 그녀의 손을 잡는다. 그녀의 대화 상대자의 이런 행위는 즉각적인 결단을 내리면서 상황을 변화시킬 위험이 있다. 이 손을 이 남자에게 내맡기면 그것은 스스로 불장난에 동의하는 결과가 되어 어찌할 수 없게 될 것이다. 손을 빼면 그것은 그 순간의 매력을 이루는 몽롱하고 불안정한 이 조화를 깨버리는 것이 될 것이다. 결단의 순간을 가급적 뒤로 미루는 일이 중요하다. 사람들은 그때 무슨 일이 발생하는가를 안다. 이 여인은 자기 손을 그대로 둔다. 하지만 자기가 손을 그대로 둔다는 것을 '알아차리지 않는다'. (……) 그녀는 대화 상대자를 감상적 명상의 가장 높은 수준으로 끌어올린다. 그녀는 삶에 대해, 자기 자신의 삶에 대해 말한다. 그녀는 자신의 본질적 양상으로 하나의 인격으로서, 하나의 의식으로서 자기를 보여준다. 그리고 그동안에 신체와 영혼의 분리가 이루어진다. 그녀의 손은 움직이지 않은 채 상대방의 따뜻한 두 손 사이에서 휴식한다. 동의하지도 않고 저항하지도 않는 이 손은 하나의 사물이다.[2]

그런데 이 여성이 애인에게 자기 손을 내맡기면서 쾌락을 느꼈다면, 이것은 그 순간 애인의 손을 잡고 있다는 사실을 이 여성이 의식했었다는 것을 보여주는 증거가 된다. 다시 말해 이 여성은 그 순간 '자유' 상태에 있었던 것이다. 왜냐하면 자기기만은 정확히 의식의 주체가 스스로 대자임을 부정하고, 또 그가 이 사실을 알면서 자신을 즉자, 즉 의식이 없는 사물로 여기려는 시도에서 기인하기 때문이다. 이렇듯 자기기만은 대자존재로서의 인간이 항상 자유라는 것을 간접적으로나마 증명해준다.

사르트르는 프로이트가 내세운 무의식 개념을 자기기만 개념으로 대치하고자 한다. 프로이트가 무의식에서 기인한다고 보는 인간의 행동이 실제로는 자유롭고 의식적인 행동임을 보여주고자 하는 것이다. 물론 사르트르는 후일 프로이트의 무의식 개념을 받아들이지만 그러면서도 "체험된 것le vécu"[3]이라는 용어를 사용한다. 어쨌든 그는 이 용어를 사용하기 전에도 《존재와 무》에서 프로이트의 정신분석을 비판적으로 수용한다. 그 결과가 바로 '실존적 정신분석'[4]이다.

한편 인간의 주체적 삶을 방해하는 요인으로서의 사물화 또는 자기기만과 관련해 '비열한 자들salauds' 또는 '근엄한 정신esprit sérieux'의 소유자들의 존재는 흥미롭다. 사르트르에 따르면 인간으로서의 실존 조건, 곧 부정성否定性·가능성·자유·선택·책임 등을 정면으로 바라보는 것을 거부하면서 자신을 즉자존재로 여기는 사람들이 비열한 자들이다. 또한 근엄한 정신의 소유자들은 자신의 자유·무·가능성 등으로부터가 아니라 이미 즉자화된 가치들에서 출발해서 살아가는 자들을 일컫는다.

가령 어떤 사람이 권력에 지나치게 집착하는 경우, 그의 의식은 권력에만 고착되어 있다고 할 수 있다. 그런 만큼 근엄한 정신은 자유와 거리가 멀며, 또 실존의 고뇌와도 멀리 떨어져 있다. 사르트르는 《구토》의 배경을 이루는 부빌시의 부르주아들을 통해서, 또 단편집 《벽Le Mur》에 실린 다섯 작품의 중심인물들을 통해서 비열한 자들과 근엄한 정신의 소유자들의 초상화를 또렷이 그려낸다.

하지만 이런 부류에 속한 자들이 영위하는 삶이 주체적 삶과 거리가 멀다는 것은 말할 나위가 없다. 인간이 사물과 같은 방식으로 존재하고자 애쓰는 것은 자신이 가지고 있는 의식의 활동, 즉 사고 작용을 일부러 하지 않는 것과 다를 바 없다. 인간이 이런 방식으로 존재하는 것은 다음 두 경우 가운데 하나이다. 하나는 죽어서 주검 상태가 된 경우이다. 다른 하나는 살아 있음에도 죽은 것이나 다를 바 없는 삶을 영위하는 경우이다. 요컨대 인간이 주체적 삶을 영위하기 위해서는 무엇보다도 '사는 것'이 전제되어야 한다. 이런 시각에서 인간이 그 자신을 사물화하는 것은 그의 주체적 삶의 토대를 아예 처음부터 허물어뜨리는 것과 같다.

이런 지적에서 출발해서 다음과 같이 말할 수 있다. 인간이 자기 삶의 주인으로 살아가기 위해 사물화와 자기기만을 극복하려면 '어떤 경우에도 인간이기를 그쳐서는 안 된다'고 말이다. 인간이 인간이기를 그친다면 그의 주체적 삶에 대한 논의 자체가 가능하지 않고 또 무의미할 것이다. 인간이 자기기만 속에서 스스로 인간이기를 포기하는 것을 선택할 수는 있다. 하지만 이것은 내가 나 자신의 실존 조건, 다시 말해 대자로 존재하는 내가 자유라는 사실을 망각함으로써만 가능할 뿐이다. 그렇기 때문에 자기 자신을 사물화하면서 자기기만 속에 머물러 있는 인간에게는 주체적 삶을 운운할 여지 자체가 없다.

매저키즘·코미디·유희와 그 극복

인간의 주체적 삶을 방해하는 두 번째 요인은 타자와 맺는 매저키즘 관계와 특히 이 관계 위에서 펼쳐지는 코미디나 유희라고 할 수 있다. 사르트르의 실존주의 관점에서 이루어진 인간 이해를 다루면서 나와 타자 사이에 맺어지는 매저키즘 관계를 보았다. 이 관계는 존재론적 힘이 강한 타자 앞에서 내가 스스로 주체성을 포기하고 객체가 됨으로써 타자의 주체성 안에서 휴식을 취하고자 하는 관계로 규정되었다. 또한 사르트르의 삶의 변곡점들을 살펴보면서 아버지 장바티스트의 때 이른 죽음으로 인한 영향을 살펴보았다. 그 가운데 사르트르가 가족 코미디나 유희를 펼칠 수밖에 없었던 것이 가장 크고 가장 부정적인 영향이었다.

　매저키즘과 조금 전 살펴본 자기기만 사이에는 공통점이 있다. 인간이 자기 자신을 사물, 곧 즉자존재로 여긴다는 점이다. 또한 인간이 자신의 실존이라는 고뇌로부터 벗어나고자 한다는 점도 그렇다. 하지만 자기기만과는 달리 매저키즘은 타자의 존재와 관련된다. 매저키즘은 타자와의 갈등을 피하기 위한 전략의 산물 가운데 하나이다. 물론 이 전략의 목표는 매저키스트로서 내가 타자의 주체성을 빌려 나 자신의 우연한 존재를 정당화하는 것이다. 또한 매저키즘에는 이른바 코미디나 유희가 수반되는 경우가 허다하다. 게다가 매저키스트는 언제라도 자신의 시선을 폭발시켜 다른 사람과 대립·갈등 관계를 다시 맺을 수 있다.

매저키즘과 거기에 수반되는 코미디나 유희의 몇몇 예를 들어보자. 사르트르는 《말》에서 자기 주위에 있는 어른들의 존재론적 힘을 빌려 자신의 존재를 정당화하기 위해 강아지 역할도 마다하지 않았다고 이야기한다. 즉 그는 어른들의 환심을 사기 위해 그들이 자기에게 부여한 모습에 부합하는 행동을 해야만 했다. 실제로 이런 코미디나 유희에는 다음과 같은 두 개의 원칙이 적용되는 것으로 보인다. 하나는 "타자가 나를 본다. 그러므로 나는 존재한다"는 원칙이다. 다른 하나는 코미디나 유희를 하기 위해서는 "자기 자신을 다른 사람, 특히 타자가 보는 것과 같은 사람으로 여겨야 한다"는 원칙이 그것이다.

사르트르의 사유에서는 타자가 나를 바라보면서 나에게 모종의 이미지를 부여하는데, 그 안에 나의 존재근거가 포함되어 있다는 사실이 첫 번째 원칙에 함축되어 있다. 따라서 나는 타자의 시선, 그것도 강한 시선 아래에서 코미디나 유희를 해야 더 큰 효과를 낼 수 있다. 두 번째 원칙은 첫 번째 원칙에서 기인하는 것으로, 코미디나 유희를 하는 사람은 다른 사람이 그에게 부여한 이미지를 자기 자신으로 여기면서 그것에 어울리는 코미디나 유희를 해야 한다는 의미이다. 특히 그것이 좋은 이미지일 경우에 코미디나 유희가 행해지기 더 쉽다.[5]

구체적인 예를 보자. 사르트르는 《말》에서 자신이 어렸을 때 했던 수많은 매저키즘적 코미디나 유희 장면을 회상한다. 그중 하나는 미사를 드리는 장면이다. 풀루는 앉아 있는 것이 힘들어 자리를 박차고 나가고 싶다. 하지만 그는 미사가 끝날 때까지 참는다. 그가 끝까지 참을 수 있는 것은 어른들로부터 받는 칭찬 때문이다. 외할머니와 어머니는 그에게 착한 아이라는 이미지를 부여한다. 풀루가 착한 아이라면 당연히 미사 중에도 떠들지 않고 조용히 있을 것이다. 풀루는 어른들이 자기에게 부여한 이미지, 즉 즉자화된 모습을 무시할 수 없다. 그보다는 오히려 그 이미지에 자신을 동화시키려는 태도를 보인다. 그 이미지가 나쁜 이미지가 아니기 때문이기도 하다. 물론 풀루는 미사 도중에 소란을 피우고 싶다. 그는 착한 아이가 아닌 것이다. 하지만 그는 어른들이 자기에게 부여한 이미지처럼 착한 아이가 되는 연기를 한다. 이것은 전형적인 매저키즘적 코미디나 유희에 해당한다.

일요일이면 할머니와 어머니는 종종 유명한 오르간 주자가 연주하는 훌륭한 음악을 듣고자 미사에 갔다. (……) 모두들 자고 있는 것 같아 내가 할 줄 아는 것을 보여줄 기회가 온 것이다. 기도대에 무릎을 꿇고 나는 동상으로 변해버린다. 심지어 엄지발가락도 움직여서는 안 된다. 나는 뺨으로 눈물이 흘러내릴 때까지 눈 하나 깜빡하지 않고 앞을 똑바로 본다. 물론 다리가 근질근질하지만 있는 힘껏 참는다. 나는 이겨낼 자신이 있다. 내 힘이 얼마나 센지 잘 알고 있는 나는 가장 죄스러운 유혹을 주저하지 않고 만들어내서 그 유혹을 물리치는 기쁨을 스스로 맛보려고 한다. "땅! 땅!" 하고 소리 지르면서 내가 일어나볼까? 원주를 기어올라 성수반聖水盤에 오줌을 갈길까? 이와 같은 끔찍한 유혹을 물리쳤으니 조금 뒤에 어머니의 칭찬을 득의양양하게 받을 수 있을 것이다. 하지만 나는 자신을 속인 것이다. 나는 나 자신의 영광을 더 크게 하기 위해 곤경에 빠진 척한 것이다.[6]

또 다른 예는 풀루의 '읽기'와 '쓰기' 코미디와 유희이다. 그는 어려서 외할아버지의 서재를 놀이터 삼아 성장했다. 그곳은 풀루에게 천국이었다. 책에 둘러싸여 태어났고 책에 둘러싸여 죽을 것이라는 사르트르의 말을 떠올리자. 글을 읽을 줄 알게 되었을 때 풀루는 책을 읽는 척하는 코미디나 유희를 연출하게 된다. 이 코미디에도 방금 지적한 두 가지 원칙이 그대로 적용된다.

먼저 풀루가 책을 읽는 장면, 좀 더 정확하게는 읽는 척하는 장면을 보는 어른들, 즉 관객들이 있어야 한다. 그들의 박수갈채가 필요하기 때문이다. 그들의 수는 많을수록 좋다. 따라서 풀루는 자기 곁에 항상 있는, 존재론적 힘이 약한 어머니만으로는 만족할 수 없다. 풀루는 더 많은, 존재론적 힘이 더 강한 어른들 앞에서 책을 읽는 척 연기를 한다.

그러면서 풀루는 주위의 어른들, 즉 관객들이 자기에게 부여한 이미지인 '어린 나이에 글을 깨치고 읽을 줄 아는 뛰어난 아이', '떠들지도 않고 어른들을 귀찮게 하지도 않고 책을 읽는 착한 아이'에 자신을 동화시키고자 한다. 풀루는 이런 코미디의 효과를 극대화하기 위해 또 다른 전략을 구상한다. 그것은 어른들 앞에서 《라루스 프랑스어 사전Grand

Larousse》같은 두꺼운 책을 보는 척하는 장면을 연출하는 것이다. 이런 장면을 보고 어른들이 관객의 자격으로 환호와 박수갈채를 보내면 풀루의 전략은 성공을 거둔다.

하지만 주위 어른들의 환호와 박수갈채가 커지는 것에 비례해 풀루 자신의 존재는 더 사물화·즉자화되고 만다. 다시 말해 풀루가 그들에게서 취하는 휴식의 달콤함이 클수록 거기에 비례해 그가 느끼는 씁쓸함 또한 커지게 된다. 그럼에도 불구하고 그는 한 마리 "파리"[7]처럼 그들 사이를 분주히 날아다녀야 한다. 이와 같은 씁쓸한 행동은 풀루의 코미디나 유희를 보는 어른들이 자행하는 이른바 '공개적인 린치'의 이면이라고도 할 수 있다. 요컨대 풀루는 자신의 잉여존재를 정당화하기 위해 어른들에게 "팽이"[8]처럼 항상 가격당해야 하는 것이다.[9]

앞에서도 언급했듯이 사르트르는《말》에서 자신의 삶 전체가 이 같은 매저키즘적 코미디나 유희의 연속이었다고 술회한다. 심지어 자신이 작가가 된 것 역시 쓰기 놀이의 연속선상에서 이루어진 선택이었다고 말한다. 특히 풀루는 상상력을 가미해 이른바 '영웅'이 되는 유희를 펼치기도 한다. 위험한 상황, 그 상황에서 구조를 요청하는 사람, 이 사람을 구조하기 위해 뛰어드는 영웅이라는 일련의 도식을 가진 유희이다. 이런 유희에서 상상되고 창조된 영웅이 풀루 자신이라는 것은 말할 나위가 없다.

하지만 이런 영웅 역시 풀루 자신의 상상 속에서 만들어진 이미지, 즉 그가 자신에게 부여한 즉자화·사물화된 이미지라는 사실은 분명하다. 이런 이미지를 닮고자 노력했던, 더 나아가 그것을 닮고자 하는 척 연기를 펼친 풀루는 결코 자기 삶의 주인이었다고 할 수 없을 테다. 물론 이런 삶을 영위한 것이 풀루 자신의 선택이라는 것은 분명하다. 하지만 문제는 풀루가 정확히 그런 삶을 살도록 강제되었다는 것이다.

이렇듯 매저키즘과 거기에 종종 수반되는 코미디나 유희는 주체적 삶을 영위하지 못하도록 풀루를 위시한 많은 사람을 방해하는 요소 가운데 하나이다. 사르트르는 이를 극복하기 위해 다음과 같은 방안을 제시하는 듯하다. 즉 강한 존재론적 힘을 지닌 타자 앞에서 내 자신을 객체로 여기는 매저키스트로서의 나의 행동에는 죄의식이 수반된다는 사실을 자각하는 것이다. 방금 지적했듯이 매저키스트로서 내가 자신을 객체로 여기는 순간만큼은 내가 인간이기를 포기하는 것과 같다고 할 수 있다.

물론 내가 타자 앞에서 나 자신을 객체로 여기는 것은 나의 주체적 결단과 선택의 결과이기는 하다. 하지만 이런 결단과 선택은 참다운 의미에서는 주체적이라고 할 수 없다. 그도 그럴 것이 내가 이런 결단과 선택을 한 것은 강한 존재론적 힘을 지닌 타자 앞에서이기 때문이다. 타자는 나에게 이런 결단과 선택을 하라고 직접적으로 강요하지는 않는다. 하지만 나는 타자 앞에서 스스로 이런 결단과 선택을 하는 것이다. 이것은 매저키스트로서 내가 강한 존재론적 힘을 지닌 타자를 구실로 '스스로 자신의 존재근거를 마련하고 존재이유를 찾는다'라는 힘든 실존 조건을 도피하는 진정치 않은 결단과 선택의 결과라고 할 수 있다. 따라서 내 삶의 주인으로 살아가기 위해서는 매저키즘을 포기하고 주체성의 자격으로 타자와의 관계를 재정립해야 한다.

앞에서 살펴봤듯이 흔히 매저키즘에 수반되는 코미디와 유희는 "타자가 나를 본다. 그러므로 나는 존재한다"와 "자기 자신을 다른 사람, 특히 타자가 보는 것과 같은 사람으로 여겨야 한다"라는 두 가지 원칙에 지배받는다. 이 두 원칙에 공통되는 요소는 내가 타자의 시선에 의해 주어진 이미지, 곧 즉자화된 모습에 얽매여 있다는 점이다. 그리고 설사 내가 이런 모습을 내 안으로 흡수해 그것과 동화하려는 시도 자체는 주체적 행동이라고 해도, 이런 행동은 궁극적으로는 수동적일 수밖에 없다. 왜냐하면 내 것으로 삼고자 하는 모습이 타자에 의해 나에게 일방적으로 강요되었기 때문이다. 주체적 삶을 영위하려면 이런 수동적 행동으로부터 벗어나야 한다는 사실은 부인할 수 없다.

타자의 주체성 탈취와 그 극복

갈등과 폭력

앞에서 사르트르의 현상학적 존재론에서 인간들 사이의 관계는 갈등으로 귀착한다는 사실을 보았다. 그 논의를 다시 떠올려보자. 인간들 사이의 관계가 갈등으로 귀착하는 근본적 이유는 바로 인간들 각자가 주체성의 위치를 선점하려 하기 때문이다. 타자는 시선을 통해 나에게 출현한다. 하지만 이렇게 타자의 출현을 가능케 하는 시선은 모든 것을 객체화해버리는 힘으로 규정된다. 그런데 나는 타자와 이 세계에서 우연히 만나자마자 서로 주체성의 위치를 선점하기 위해 시선 투쟁에 돌

입할 수밖에 없다. 그로부터 나와 타자 사이의 근본적 관계는 갈등으로 귀착한다. 타자는 내가 온 힘을 다해 물리쳐야 할 적임과 동시에 나를 객체화한다는 의미에서 나의 지옥이다.

하지만 타자는 또한 나를 바라봄으로써 나에게 나의 외부와 본성을 부여하고, 이를 통해 나에게 존재근거를 부여하는 존재이기도 하다. 이런 의미에서 타자는 나와 나 자신을 매개하는 필수 불가결한 매개자이기도 하다. 요컨대 타자는 나와의 관계에서 이중의 반대되는 존재론적 지위를 지니는 것으로 드러난다. 나와의 관계에서 타자가 이런 지위를 지니기 때문에 나는 타자에 대해 두 개의 상반된 태도를 취하게 되고, 이를 바탕으로 구체적 관계들이 맺어진다. 두 개의 상반된 태도란 동화의 태도와 초월의 태도이다.

제1태도로 여겨지는 동화의 태도는, 내가 타자의 주체성을 인정하면서 그가 포착하는 나의 이미지를 내 안으로 흡수하려는 태도이다. 이 태도를 중심으로 맺어지는 구체적 관계로는 사랑, 언어, 매저키즘이 있다. 한편 제2태도로 여겨지는 초월의 태도는 내가 타자의 주체성을 빼앗아버리고 그를 객체성의 상태로 떨어뜨리는 태도이다. 이 태도를 중심으로 맺어지는 구체적 관계에는 성적 욕망, 사디즘, 무관심, 증오가 있다.

그런데 제2태도를 중심으로 맺어지는 구체적 관계들에서 인간의 주체적 삶을 방해하는 것은 사디즘·무관심·증오라고 할 수 있다. 그도 그럴 것이 이 관계들에는 모두 내가 타자에게 가하는 폭력이 포함되기 때문이다. 다만 제2태도를 바탕으로 정립되는 구체적 관계에 해당하는 성적 욕망의 경우는 예외이다. 왜냐하면 내가 애무를 통해 타자를 육체화할 때, 나 역시 완전한 주체성의 상태가 아니라 반주체성·반객체성의 상태에 있기 때문이다. 다시 말해 내가 타자에게 온전한 폭력을 가하는 것은 아니다.

반면에 사디즘의 경우에 나는 타자의 주체성을 탈취하기 위해 모든 폭력적 수단을 이용한다. 사르트르는 고문하는 자의 예를 들면서, 고문하는 자는 피고문자를 굴복시키기 위해 마치 열쇠공이 자물쇠에 맞는 열쇠를 찾기 위해 모든 열쇠를 하나하나 꼽아보듯이 고문한다고 말한다. 또한 무관심의 경우에 나는 타자가 나를 바라보면서 객체화할 가능성이 전혀 없다는 듯이 행동한다. 타자에 대해 그가 내 앞에 마치 존재하지 않는다는 듯이 행동하는 것이다. 이것은 타자에 대한 완전한 무시라는 점에서 폭력에 해당한다. 마지막으로 증오는 나의 부끄러운 존재 비밀을 알고 있는 타자를 살해해서 이 세계에서 사라지게 하고자 한다는 점에서 가장 잔인한 폭력으로 간주될 수 있다.

하지만 내가 타자와의 관계에서 폭력적인 수단으로 그를 객체화하는 것은 둘 모두에게 주체적 삶의 구현을 방해하는 요인이 될 것이다. 내가 타자에게서 주체성을 탈취하고 파괴하면 나는 폭력을 자행하는 자가 된다. 물론 이 경우에 나는 내 행동의 주인이 될 수는 있다. 그러니까 어떤 면에서 보면 나는 주체적 삶을 영위한다고 할 수 있다. 하지만 나는 폭력을 자행하는 자로서 주체적 삶을 영위하는 것이다. 이것은 참다운 의미에서는 주체적 삶이 아니다.

이와 같은 사실은 인간의 주체적 삶에 타자와의 평화적 공존이 전제되어야 한다는 것을 예견케 한다. 더군다나 내가 타자에게 폭력을 가하면서 그의 주체성을 탈취하거나 파괴한다면, 나는 이 세계에서 나의 우연적인 존재를 정당화할 길을 찾을 수가 없을 것이다. 타자가 나에게 존재근거를 마련해주려면 그는 이 세계에 존재해야 하고, 또 그는 주체성의 상태에 있어야 하기 때문이다. 물론 내가 타자에 의해 일방적으로 인정받는 것만을 겨냥하는 삶도 주체적 삶과는 거리가 멀다.

또한 나의 삶에 대한 평가가 전적으로 타자에게 달려 있다고 해서 그에게 아첨하는 삶도 역시 주체적 삶과는 거리가 멀다. 그렇다고 타자의 주체성을 탈취하거나 파괴하면서 그를 객체화하거나, 그의 존재를 무시하거나, 그의 존재를 사라지게 하는 것 역시 나의 주체적 삶에 도움이 되지 않는다. 그렇기 때문에 나와 타자가 주체적 삶을 영위하려면 둘 다 주체성을 지닌 상태에서 공존하고 상생하는 관계를 정립할 수 있도록 노력해야 한다.

작품을 통한 '우리-주체'의 형성

방금 살펴봤듯이 실존주의 관점에서 인간의 주체적 삶을 방해하는 세 번째 요인은 타자에 의한 주체성의 탈취 또는 폭력이다. 사르트르는 이 요인에 대해 어떤 극복책을 제시하는가? 이 문제에 미리 답하자면 그는 좁게는 쓰기 행위의 결과물인 '문학 작품', 넓게는 인간의 모든 창작 행위의 '결과물'을 통해 나와 타자가 우리-주체를 형성할 가능성을 제시하는 것으로 보인다. 실제로 사르트르는 이런 극복책을 제시하면서 꽤 긴 우회로를 거치는 듯하다.

앞에서 매저키즘에 대한 극복책을 언급하면서 '내가 주체성의 상태를 회복해서 타자와의 관계를 재정립해야 할 필요가 있다'고 했다. 하지만 《존재와 무》 차원에서는 이와 같은 관계의 재정립이 타자와의 대립·갈등의 악순환으로 다시 빠지고 만다. 심지어 타자를 살해하려는 증오조차도 나와 타자 사이에 맺어지는 대립·갈등의 악순환의 고리를 끊을 수 없는 것으로 드러난다. 그렇다면 인간의 주체적 삶을 방해하는 세 번째 요인에 대한 극복책은 없는가? 이와 관련해 사르트르가 제시하는 나와 타자 사이의 구체적 관계들 가운데 사랑과 언어에 다시 한번 주목해볼 필요가 있다.

우리-주체의 형성을 겨냥하는 사랑의 관계는 궁극적으로 실패로 끝나고 만다고 했다. 그러니까 사르트르의 실존주의와 현상학적 존재론 차원에서는 인간들 사이의 화해·공존이 엄밀한 의미에서 실현될 수 없다. 이것은 인간들이 직접 만나는 경우에 시선 투쟁을 결코 피할 수 없다는 것을 의미한다고 할 수 있다. 그렇지 않은가? 사랑하는 사람도 사랑받는 자의 면전에서 그로부터 인격적으로 무시당했다고 느끼기도 한다. 이는 설사 우리-주체가 형성되었다고 해도, 그것이 항상 붕괴의 위험에 노출된다는 의미이다.

그런데 앞에서 나와 타자 사이에 맺어지는 언어 관계를 살펴보면서 그 성공과 실패 여부가 유예 상태에 있다고 했다. 다시 말해 사랑과 마찬가지로 완벽한 의사소통을 바탕으로 한 우리-주체의 형성을 겨냥하는 언어의 성공과 실패 여부가 확실히 결정되지 않은 상태에 있다는 것이다. 그러면서 언어가 유예 상태에 있게 되는 근본적인 이유는 언어 자체의 불완전성이라고 했다. 그러니까 인간은 언어를 통해 자기 자신을 표현하고 타자에게 전달하는데, 현재의 언어는 이 일을 실현하는 데 완벽하지 않다는 것이다. 그럼에도 나와 타자가 언어를 혁신하고 신조어 등을 만들어내면서 노력한다면, 우리-주체를 형성할 수 있는 가능성이 있다고 했다. 물론 이론적인 차원에서라는 단서를 붙였지만 말이다.

이와 같은 이유에 더해 언어가 유예 상태에 있고, 그로부터 우리-주체의 형성 가능성을 탐색할 수 있게 하는 또 하나의 요소는 바로 언어의 생성 조건에서 찾아볼 수 있다. 언어는 인간 행위의 '산물'이라는 것이다. 방금, 인간들은 서로 대면해서 상대방의 시선하에 놓이게 되면 시선에 의한 객체화를 피할 수 없고, 따라서 그들의 관계는 시선 투쟁으로 나아간다고 했다. 이것은 언어에서도 마찬가지이다. 언어 관계의 정립에 참여하는 인간들이 서로 마주보고 대화한다면, 이들이 설사 우리-주체를 형성했다고 해도 시선 투쟁을 피할 수 없을 것이다.

하지만 이들이 서로 직접 보지 않고 대화를 나눈다면 어떨까? 가령 예술 작품을 사이에 두고 대화가 이루어지는 형태로 말이다. 그러니까 예술가가 자신의 주체성을 담은 예술 작품, 곧 자신의 창조 행위의 산물인 예술 작품을 매개로 감상자들과 대화를 나눈다면 말이다. 이 질문에 미리 답하자면, 사르트르는 '창조' 개념, 그리고 창조된 것을 매개로 이루어지는 예술가와 감상자의 대화에 우리-주체 형성의 기대를 거는 듯이 보인다. 그리고 이런 기대를 이론화하기 위해서 사르트르는 이른바 '윤리적 전회' 기간을 통과해야 한다.

윤리적 전회

사르트르는 1943년에 출간된 《존재와 무》의 말미에서 이 책에 이어지는 저서는 '윤리morale' 연구에 할애될 것임을 예고한다. 하지만 이것은 예고에 그쳤을 뿐 최소한 1983년까지는 그 실현 여부가 공개적으로 확인되지 않았다. 하지만 그해에 《윤리를 위한 노트Cahiers pour une morale》가 유고집으로 출간되었다. 1943년에 예고했던 대로 사르트르가 윤리의 정립을 위해 많은 노력을 기울였으며, 이 노력이 실제로 《존재와 무》 출간 얼마 후에 이루어졌다는 사실이 이 책을 통해 증명되었다. 그도 그럴 것이 《윤리를 위한 노트》를 구성하는 여러 권의 노트가 주로 1947년과 1948년에 작성되었기 때문이다.

물론 《윤리를 위한 노트》에 사르트르가 이 기간에 작성한 모든 노트가 포함된 것은 아니다. 그중 일부는 분실되어 반영되지 않았고, 이 책은 미완의 상태로 출간되었다. 하지만 이 책을 통해 사르트르가 《존재와 무》 이후에 구상했던 윤리의 윤곽을 충분히 그려볼 수 있다. 그러니까 사르트르의 지적 여정에는 '윤리적 전회'라고 부를 수 있는 기간이 있었던 것이다. 이 시기는 대략 제2차세계대전이 발발한 1939년부터 "문학이란 무엇인가"라는 제목하에 네 편의 글이 발표된 뒤 《상황 IISituations, II》[10]라는 단행본으로 묶여 출간된 1948년까지라고 할 수 있다.[11]

그리고 1939년을 윤리적 전회의 첫 해로 삼은 것은 바로 이해에 사르트르가 전쟁에 동원되면서 그에게서 이른바 인식론적 전회가 이루어졌기 때문이다. 여기서 인식론적 전회란 전쟁 전에는 고립된 인간·의식 중심의 현상학적 존재론, 무신론적 실존주의에 중점을 두었던 사르트르의 사유가 1939년 이후에는 역사적·사회적 지평 위에 서 있는 인간에 대한 탐구로 방향을 전환했음을 의미한다. 인식론적 전회는 1960년 《변증법적 이성비판》[1권]의 출간과 더불어 일단락되지만, 1968년 5월혁명[12]과 그 뒤로 마오주의자들과 협조하며 전개한 참여를 통해서도 계속된다.

한편 인식론적 전회와 시기가 일부 겹치는 사르트르의 윤리적 전회는 주로 1945년 이후에 본격적으로 이루어졌다고 해야 할 것이다. 그 근거는 1945년에 한 "실존주의는 휴머니즘이다"라는 제목의 강연과 1948년에 출간된 《상황 II》 가운데 "문학이란 무엇인가"라는 제목으로 한데 묶인 네 편의 글에서 《윤리를 위한 노트》에서 다뤄지는 여러 핵심 개념이 이미 깊이 있게 다뤄진다는 것이다. 게다가 앞에서 말했듯 《윤리를 위한 노트》에 포함된 노트들은 주로 1947년과 1948년에 작성되었다. 이는 사르트르에게서 윤리적 전회가 1945년 이후에 본격적으로 이루어졌다는 사실을 여실히 보여준다.

윤리적 관계 정립의 한 예: 작가와 독자의 협력

쓰기 행위의 목표: 구원

사르트르가 《윤리를 위한 노트》에서 윤곽을 제시하는 윤리를 관통하는 핵심 주제는 다름 아닌 우리-주체의 형성이라고 할 수 있다. 그런데 앞에서 지적했듯이 《존재와 무》 차원에서 정립되는 나와 타자 사이의 관계는 시선을 통한 대립·갈등·투쟁이었다. 게다가 우리-주체의 형성을 목표로 하는 사랑은 실현이 불가능하다고 여겨졌다. 하지만 사르트르는 언어 관계를 유예 상태에 둠으로써 우리-주체 형성의 가능성을 이론적으로라도 암시했다. 그렇다면 긴급한 것은 언어를 통해 이론적으로 가능하다고 여겨지는 우리-주체의 형성이 구체적으로 어떻게 가능한지를 알아보는 일이다.

언어의 중요한 요소 가운데 하나는 그 결과물, 즉 '말해진 것'이다. 이것은 언어의 내용에 해당한다. 나는 타자와 직접 대화를 나누면서 그를 바라보기 때문에 그를 객체화하지 않을 도리가 없다. 그렇기 때문에 타자와 대화를 통해 설사 우리-주체를 형성한다고 해도, 이것은 곧 시선 투쟁에 의해 붕괴될 수 있다. 하지만 사르트르는 언어의 결과물, 즉 말해진 것에 주목하면서 언어를 통한 우리-주체 형성의 가능성을 탐색한다.

사르트르는 이런 가능성을 탐색하면서 논의의 범위를 단순히 언어 차원에 국한하지 않고 확대한다.《존재와 무》에서는 언어를,《문학이란 무엇인가》에서는 예술 작품(주로 문학 작품)을,《윤리를 위한 노트》에서는 일반적인 '창조' 행위와 그 결과물을 통한 우리-주체 형성의 가능성을 다룬다. 여기서는《문학이란 무엇인가》를 중심으로 그 가능성을 살펴보면서《윤리를 위한 노트》에서 전개되는 창조에 대한 일반론을 참고할 것이다.

《문학이란 무엇인가》에서 사르트르는 작가가 쓰기 행위를 선택하는 동기를 가장 먼저 묻는다. 그는 작가가 자신의 쓰기 행위의 결과물인

'작품'과의 관계에서 존재근거를 확보하면서 자신의 존재를 정당화하고자 한다고 본다. 작가가 어떤 작품을 쓰기 전 그 작품이 이 세계에 존재하지 않았다는 것은 분명하다. 그리고 작가의 쓰기 행위를 통해 어떤 작품이 이 세계에 출현하게 된 것도 분명하다.

이때 작가는 작품의 존재를 그 기원에서부터 보증한다는 것이 사르트르의 주장이다. 그러니까 작가의 존재는 작품과의 관계에서 절대로 '필요한' 것이 된다. 작가의 존재는 작품의 존재를 위해 '불려지는' 것이다. 사르트르는 이런 상태를 작가가 이 작품과의 관계에서 '본질적'이라고 느끼고 싶어 한다고 표현한다.

> 예술적 창조의 주요 동기의 하나는 분명히 세계에 대해 우리가 본질적이라고 느끼려는 욕망이다. 내가 드러낸 들이나 바다의 이 모습, 이 얼굴 표정을 화폭이나 글 속에 고정시키고, 그 관계를 포착해 거기에 없던 질서를 도입해서 사물의 다양성에 정신의 통일성을 집어넣는다면, 나는 그런 것을 만들어낸다는 의식을 가질 수 있다. 다시 말해 나는 나 자신을 내 창조에 대해 본질적이라고 느낀다.[13]

그런데 사르트르의 이와 같은 주장은 다시 이렇게 해석될 수 있다. 즉 작가는 자신이 쓴 작품을 소유하면서 대자-즉자의 결합, 곧 신이 되고자 하는 최종 목표에 도달하고자 한다고 말이다. 여기에서 '소유하면서'라는 표현이 중요하다. 앞에서 언급했듯이 사르트르는 실존의 주요세 범주로 함, 가짐, 있음을 제시한다. 또한 함의 범주는 가짐의 범주로,

가짐의 범주는 있음의 범주로 환원할 수 있다고도 말한다. 따라서 작가의 쓰기 행위는 곧 그 결과물인 작품을 소유하는 것으로 이어진다.

그리고 이렇게 작품을 소유하는 것은 작가의 있음, 곧 그의 존재를 강화하는 것으로 이어진다. 또한 작가의 존재 강화의 최종 단계는 바로 대자-즉자 결합의 실현이다. 그도 그럴 것이 작가는 자신의 작품을 출현시킨 장본인이기 때문이다. 다시 말해 자신의 작품과의 관계에서 작가는 조물주의 위상을 지니게 된다. 그런데 이와 같은 메커니즘은《구토》의 로캉탱에게서 제시된 작품(한 권의 소설)을 통한 '구원'의 메커니즘과 다르지 않다. 다시 말해 작품을 창작함으로써, 자신이 아무런 이유 없이 이 세계에 출현했다는 상태에서 벗어나 작품 속에서 자신의 존재근거를 발견함과 동시에 작품을 통해 누리는 '영생'을 겨냥하는 메커니즘이다.

작품의 대자적 성격

그렇다면 작가는 과연 쓰기 행위를 통해 이 세계에 출현한 작품을 소유하면서 대자-즉자의 결합을 구현하는 존재가 될 수 있을까? 로캉탱의 구원의 메커니즘은 현실화될 수 있을까? 이 질문들에 대해서는 긍정과 부정의 답이 모두 가능하다. 왜 그럴까? 우선 부정적인 답을 살펴보자.

사르트르에 따르면 작가가 쓴 작품은 다음과 같은 두 가지 존재론적 위상을 지닌다. 바로 대자존재로서의 위상과 즉자존재로서의 위상이다. 작가는 작품을 쓰면서 자신의 주체성을 거기에 투사한다. 이른바 작가의 의도이다. 이 의도가 바로 주체성의 다른 모습이라고 할 수 있다. 그런데 주체성의 존재 방식은 대자이다. 그런 만큼 작품이 대자의 방식으로 존재한다는 것은 분명하다.

다만 이 대자가 책, 즉 종이와 글자라는 물질적 형태를 띠고 있을 뿐이다. 흔히 '도공陶工은 손수 빚어낸 도자기에 자신의 혼魂을 불어넣는다'고 말한다. 그렇기 때문에 도공은 잘못 빚어진 도자기를 직접 깨부순다. 잘못 빚어진 도자기에는 자신의 혼이 제대로 투사되지 않았다고 판단하기 때문이다. 요컨대 도자기는 도공의 '분신alter ego'으로 여겨진다. 이와 마찬가지로 작가는 작품에 자신의 주체성을 투사한다는 것이 사르트르의 주장이다. 다시 말해 작품은 작가의 물질화된 대자라고 할 수 있다.

그렇기 때문에 작품을 작가가 직접 소유하고 읽는다면, 다음과 같은 결과가 나타날 것이다. 즉 '대자-대자'의 결합이다. 이 결합에서 앞의 대자는 작가 자신, 더 구체적으로는 자신의 의식을 가리킨다. 작가의 의식이 지향성을 발휘하면서 자신이 쓴 작품을 그의 의식의 무엇인가로 선택하게 되면, 이 경우에 대자-대자의 결합이 이루어지게 된다. 그런데 작가는 작품을 쓰면서 대자-즉자의 결합을 겨냥했다. 따라서 작가가 자신이 쓴 작품을 소유하고 읽게 되면 소기의 목적을 실현할 수 없을 것이다.

독자의 협력과 자유
그렇다면 작가가 자신의 작품을 통해 대자-즉자의 결합을 실현하는 길은 없는 것일까? 이번에는 긍정의 답을 살펴보자. 사르트르는 이 질문에 긍정적으로 답하면서 《존재와 무》의 결론에서 한 걸음 멀어진다. 이 책에서 그는 '인간은 무용한 정열'이라고 했다. 인간은 자신의 우연적 존재를 정당화할 수 없다는 것이었다. 하지만 《문학이란 무엇인가》에 오면 이런 불가능성이 가능성으로 바뀐다.

다만 거기에는 다음과 같은 한 가지 조건이 따른다. 작가에 의해 창작된 작품을 '독자'가 '읽어준다'는 조건이다. 이와 관련해 사르트르가 작품을 "팽이"[14]와 비교하는 것은 흥미롭다. 팽이는 외부에서 힘이 가해질 때만 돌 수 있다. 이와 마찬가지로 작가가 쓰기 행위를 통해 소기의 목표를 실현하려면 반드시 읽기 행위의 주체인 독자의 협력이 필요하다는 것이 사르트르의 주장이다. 또한 여기에 다음과 같은 세부 조건이 덧붙여진다. 이 작품을 창작한 작가와 그것을 읽는 독자가 같은 사람이 아니어야 한다는 것이다.

> 그러나 '쓴다'는 작업은 그 변증법적 상관자로 '읽는다'는 작업을
> 포함한다. 그리고 이 두 개의 연관된 행위는 서로 다른 두 행위자
> 를 필요로 한다. 정신의 작품이라는 구체적이며 상상적인 대상을
> 출현시키는 것은 작가와 독자의 결합된 노력이다.[15]

그렇다면 작가에 의해 창작된 작품을 독자가 읽을 때 무슨 일이 발생하는가? 먼저 독자는 작품을 읽으면서 그것을 자신의 시선 아래에 두게 되고, 책장을 넘기면서 자신의 주체성을 그 안으로 '흘러들게' 한

다. 다시 말해 독자는 작품을 읽는 과정에서 거기에 자신의 주체성을 투사하는 것이다. 그렇게 하면서 독자는 작품의 의미를 끌어내며 이해하게 된다.

그런데 사르트르의 사유에 나타나는 다음과 같은 사실은 주목을 요한다. '나'의 주체성은 타자의 주체성에 의해서만 객체화될 수 있을 뿐이라는 사실이다. 그러니까 독자는 자신의 주체성을 통해, 작품 속에 투사된 작가의 주체성, 곧 작가의 대자를 즉자화하는 것이다. 앞에서 작가가 자신의 작품을 소유하면서 읽는 경우에는 대자−대자의 결합만을 실현할 뿐이라고 했다. 하지만 독자가 작품을 읽는 경우에는 대자−즉자의 결합이 가능하게 된다는 것이 사르트르의 주장이다. 이 결합에서 '즉자'는 작품 속에 투사된 작가의 주체성이 객체화된 모습이다.

하지만 여기에도 문제가 있다. 그도 그럴 것이 독자가 작가의 작품을 읽으면서 거기에 객체적·즉자적 면을 부여하는 것은 결코 쉬운 작업이 아니기 때문이다. 작가의 작품에 즉자적인 면을 부여한다는 것은 작품의 의미를 파악한다는 것과 같다. 경험적으로 보아도 독자가 피곤한 경우나 술에 취한 경우에는 작가가 쓴 작품의 의미를 제대로 파악할 수 없음이 분명하다. 그런 상태에서 독자는 자신의 주체성을 작품 속으로 제대로 흘러들게 할 수 없기 때문이다. 또한 아주 난해한 작품을 읽는 경우에도 독자는 자신의 주체성을 쉽게 작품 속으로 흘러들게 할 수 없다.

그런데 독자가 작가에 의해 창작된 작품의 의미를 더 많이 끌어내면 낼수록 거기에 비례해 작품의 객체화·즉자화는 더 강하게 이루어진다.

하지만 이 작업은 결코 쉽지 않다. 게다가 작품을 쓰는 것은 작가에게 가장 중요한 일이지만, 독자에게는 독서가 전혀 그렇지 않다. 독자는 작품을 취미로 읽거나 교양을 얻기 위해 읽을 수 있다. 그럴 경우 독서는 부차적인 일이다. 따라서 작가의 작품이 어렵다거나 마음에 들지 않을 경우에 독자가 읽기 행위를 중도에 그만둘 수 있는 가능성은 항상 존재한다. 다시 말해 독자는 자유로운 상태인 것이다.

하지만 사르트르는 독자의 읽기 행위를 "인도된 창조"[16]로 여긴다. 작가는 자기 작품에 대한 의미 도출에서 항상 독자보다 더 멀리 나아갈 수 있다는 것이 사르트르의 주장이다. 그런데 이런 주장은 작가와 독자와의 관계에서 작가가 독자의 자유를 제한할 수 있다는 것과 같은 의미이다. 독자는 자유로운 상태에서 작가의 작품을 읽으면서 의미를 도출하고자 한다. 하지만 이런 독자의 행위는 항상 작가에 의해 인도되는 것이다. 이런 상황에서 독자가 읽기 행위를 그만둘 가능성은 항상 존재한다.

만일 독자가 작가의 작품을 읽는 것을 그만둔다면 어떤 일이 발생할까? 답은 명확하다. 작가가 작품을 쓰면서 구상했던 자기 존재의 정당화, 곧 대자−즉자 결합의 실현, 구원은 물거품이 되고 만다. 따라서 작가는 자신의 자유가 제한된다고 느끼는 독자의 협력을 구하기 위해 필요한 조치를 강구해야만 한다.

호소로서의 작품

사르트르는 첫 번째로 독자의 자유를 인정하는 조치를 고안한다. 이 조치는 '호소appel' 개념에 포함된다. 사르트르는 작가의 쓰기 행위를 독자의 자유에 대한 호소로 규정한다. "쓴다는 것은 내가 언어라는 수단을 통해 시도한 드러냄을 객체적 존재로 만들어주도록 독자에게 호소하는 것이다."[17] 또한 사르트르는 "모든 문학 작품은 호소이다"[18]라고 주장한다. 그런데 《윤리를 위한 노트》에서 호소는 "누군가가 누군가에게 무엇인가의 이름으로 무엇인가를 요청하는 것"[19]으로 정의된다.

그렇다면 작가는 독자에게 무엇의 이름으로 무엇을 요청할까? 이 질문에 답하기 위해 사르트르의 사유에서 호소하는 사람과 호소받는 상대방은 모두 자유여야 한다는 사실을 지적하자. 호소가 이루어지려면 두 사람 모두 자유여야 하는 것이다. 그런데 사르트르의 사유에서 나와 타자가 모두 자유 상태인 것은 불가능하다. 사랑이 거기에 해당한다. 또한 언어도 유예 상태로 여겨진다. 그렇기 때문에 호소에서 작가가 독자의 자유를 인정한다는 것은 주목할 만하다. 왜냐하면 사르트르의 사유에서 한 사람이 다른 사람의 자유를 인정하는 경우는 매저키즘밖에 없기 때문이다. 그럼에도 불구하고 사르트르는 작가가 호소를 하면서 독자의 자유를 인정한다고 주장한다. 이것은 작가 스스로 독자 앞에서 사물, 즉 즉자존재가 된다는 의미이다. 《존재와 무》의 주장과 《문학이란 무엇인가》의 주장 사이에 모순이 발생하는 것이다.

그런데 사르트르는 이런 모순을 힘들이지 않고 해결하는 듯이 보인다. 작품이 지닌 대자적인 존재론적 위상을 통해서 말이다. 앞에서 작가가 쓴 작품은 작가 자신의 분신이라고 했다. 다시 말해 작가는 작품에 자기의 주체성을 투사하고, 따라서 작품은 작가의 물질화된 대자인 것이다. 이런 사실을 고려하면 작가가 독자의 자유를 인정할 때 작가는 정확히 '작품'의 형태, 곧 '물질화된 대자'의 상태에 있다는 것은 분명하다. 이것은 분명 매저키즘의 한 유형에 해당한다. 내가 타자의 자유를 인정하면서 나를 객체로 여기는 것이 매저키즘 관계였다는 사실을 상기하자.

그럼에도 작가는 순수한 매저키스트와는 달리 독자의 자유 안에서 씁쓸한 휴식이 아니라 오히려 달콤한 휴식을 취한다는 것이 사르트르의 추론이다. 다시 말해 작가는 자신을 객체화해도 죄책감을 느끼지 않는다. 오히려 작가는 독자의 자유 앞에 기꺼이 객체화된, 즉 즉자화된 모습을 내놓는다. 그러면서 이 객체화된 모습이 독자의 자유에 의해 더욱더 강화되길 바란다. 가능하면 존재론적 힘이 강한 독자에 의해서, 또 더 많은 독자에 의해서 말이다.

거기에는 두 가지 이유가 있다. 첫째, 독자의 자유가 강하다는 것은 작가가 쓴 작품의 의미를 완벽하게 끌어낼 수 있는 가능성이 그만큼 더 커진다는 뜻이기 때문이다. 다시 말해 작가가 작품을 통해 도달하고자 하는 그 자신의 대자-즉자 결합에 필요한 객체적인 면, 즉 즉자가 더욱더 단단해지는 것이다. 둘째, 작가가 살아 있는 경우라면 독자의 숫자가 늘어날수록 생전에 자신의 작품이 베스트셀러가 될 공산이 크기 때문이다.

그렇다면 작가가 이처럼 독자의 자유에 호소하면 모든 것이 작가가 원하는 대로 이루어질까? 그렇지는 않은 듯하다. 왜냐하면 이와 같은 호소에 작가가 파놓은 함정이 도사리고 있기 때문이다. 어떤 함정일까? 호소의 정의에 '요청demande'이라는 개념이 포함된다는 사실에 주목하자. 그런데 사르트르에 따르면 요청은 '요구exigence'와 유사한 개념이다. 작가는 독자의 자유를 인정하는 대가로 독자에게 자기 작품에 객체적인 면을 부여해달라고 요구한다는 것이 사르트르의 주장이다.

> 책은 나의 자유에 봉사하는 것이 아니라 그것을 요구한다. 사실 우리는 강요나 매력이나 애원에 의해 자유에 호소할 수 없다. 자유에 도달하기 위해서는 하나의 방법밖에 없다. 우선 자유를 인정하고, 그다음으로 자유를 신뢰하고, 마지막으로 그것의 이름으로, 다시 말해 자유에 대한 신뢰의 이름으로 그 자유로부터 행위를 요구하는exiger 것이다. 이렇듯 책은 도구처럼 어떤 목적을 위한 수단이 아니라 그 자체를 독자의 자유에 대해 목적으로 제시하는 것이다.[20]

그런데 사르트르는 이런 요구 개념이 "정언명령"[21]과 밀접하게 연결되어 있다고 본다. 또한 그는 요구의 "본래적 형태"가 "명령ordre"이며, 명령을 내리는 자와 명령을 받는 자 사이에는 자유의 "위계질서"가 함축되어 있다고 본다.[22] 이런 관점에서 생각하면 호소는 결국 작가의 자유와 독자의 자유 사이에 위계질서가 있다는 사실을 전제로 한다. 독자가 작가의 작품을 읽고 안 읽고는 독자의 자유에 따른다. 하지만 일단 작가의 작품을 읽기 시작하면 독자는 그 책임을 져야 한다는 것이 사르트르의 주장이다. 이것은 작가의 자유가 독자의 자유보다 더 위에 위치해 있다는 것을 의미한다.

독자는 과연 이와 같은 위계질서에 만족할 수 있을까? 결코 그렇지 않을 것이다. 그보다는 오히려 이런 위계질서가 있음을 알아차리게 된다면, 독자는 작가의 작품을 읽는 행위를 곧바로 중단할 것이다. 그러면 작가의 모든 계획은 수포로 돌아갈 수밖에 없다. 이런 상황에서 작가는 펜을 놓고 절망할 것인가?

증여와 관용으로서의 작품

사르트르는 독자의 협력을 구하기 위해 또 하나의 조치를 강구한다. '증여don'와 '관용générosité'이 그것이다. 사르트르는 《윤리를 위한 노트》에서 '창조'를 "증여의 의식"[23] 또는 "증여의 과정"[24]으로 규정한다. 그리고 《문학이란 무엇인가》에서 그는 쓰기 행위에 대해 다음과 같은 정의를 내린다.

> 따라서 쓴다는 것은 세계를 드러냄과 동시에 이 세계를 독자의 관용에 대해 과업으로 제시하는 것이다. 쓴다는 것은 존재 전체의 '본질적인 것'으로 인정받기 위해 타자의 의식에 의존하는 것이다.[25]

그런데 문제는 증여와 관용 그 자체에 있다. 사르트르는 《존재와 무》에서 이미 이 두 개념을 "파괴"와 연결한다. 그는 포틀래치potlatch[26]를 예로 들면서 증여자는 수증자를 "홀리고", 그를 "굴복시키는 것"과 같다고 본다.

(……) 준다는 것은 자기가 주는 대상을 소유적으로 향유하는 것이며, 그것은 아유화我有化적-파괴적 접촉이다. 하지만 그와 동시에 증여는 증여를 받는 상대방을 홀린다. (……) 준다는 것은 굴종시키는 것이다. (……) 그러므로 준다는 것은 이 같은 파괴를 이용해 타자를 자기에게 굴복시키는 것이며, 이런 파괴에 의해 자기 것을 만드는 것이다.[27]

이와 같은 사르트르의 주장에서 출발해 다음과 같이 말할 수 있다. 즉 작가가 주는 작품을 독자가 받는다면, 독자는 작가에 의해 홀리고 굴종되는 것을 피할 수 없다고 말이다. 다시 말해 독자의 주체성은 작가의 주체성에 의해 파괴되는 것이다. 물론 사르트르는 독자의 읽기 행위를 "관용의 실천"[28]으로 규정하면서, 독자가 작가를 홀리고 굴종시킬 가능성도 열어두고 있기는 하다. 하지만 이 경우에 작가는 자신의 주체성이 파괴된다고 해도 안심할 수 있다. 왜냐하면 독자의 주체성에 의해 파괴되는 것은 작품의 형태를 하고 있는 작가 자신의 물질화된 대자이기 때문이다. 이렇듯 작가가 독자에게 베푸는 증여 또는 관용에도 독자를 홀리고 굴종시키는 독이 배어 있다. 하지만 이런 사실을 알게 되면 독자는 그 즉시 작품 읽기를 그만둘 수 있을 것이다. 작가의 구원 계획은 또 한 번 실패할 위험에 노출된다.

독자의 요구권 인정
사르트르는 이제 독자의 불만을 해소하고 협력을 구하기 위한 마지막 조치를 강구한다. 작가가 작품을 쓰면서 독자의 '요구권'을 인정하고 수용하는 것이다. 이는 무엇을 의미하는가? 첫째, 독자가 작가의 쓰기 행위에 개입한다는 것이다. 둘째, 작가는 이런 독자의 개입을 고려하면서 작품을 쓸 수밖에 없다는 것이다. 요구에는 요구하는 자의 명령이 포함된다는 것을 상기하자. 셋째, 독자의 요구는 작가가 발판으로 삼아 작품을 창작해야 하는 "기존의 여건"이 된다는 것이다.

> 이렇게 해서 독자는 자신의 풍습과 세계관, 사회관, 이 사회 내의 문학에 대한 개념들과 더불어 개입하게 된다. 독자는 작가를 에워싸고 공격한다. 독자의 위압적이거나 음흉한 요구, 거부, 도피 등은 거기에서 출발해서 작가가 작품을 만들어야 하는 '기존의 여건'이 되는 것이다.[29]

이렇듯 작가가 독자의 요구권을 인정하고 받아들인다는 것은 이들 사이에 발생한 자유의 위계질서를 바로잡아 궁극적으로 독자의 협력을 계속해서 구하고자 하는 조치이다. 앞에서 요구의 본래적 형태가 명령이며, 따라서 요구를 하는 자와 그것에 응하는 자의 자유 사이에 위계질서가 있다고 했다. 그런 만큼 작품을 읽어달라는 작가의 요구에 독자가 응했을 때, 독자의 자유는 작가의 자유보다 열등한 것이 되어버린다. 그런데 이번에는 거꾸로 독자가 작가에게 자신의 요구권을 행사하면서 명령을 내리는 것이다. 이렇게 함으로써 독자는 작가와의 관계에서 발생한 위계질서를 회복하게 되고, 작가에게 계속해서 협력할 수 있다는 것이다.

독자의 요구권에 대한 이 같은 인정과 수용은 사르트르가 참여문학론으로 경도되는 결정적인 계기이다. 사르트르는 이렇게 말한다. "타자를 위한, 그리고 타자에 의한 예술만이 있을 뿐이다."[30] 이 문장에서 '타자'를 '독자'로, '예술'을 '문학'으로 바꾸면 "독자를 위한, 독자에 의한 문학만이 있을 뿐이다"라는 논리가 성립한다. 독자에 의한 문학은 앞에서 이미 독자 협력의 절대적 필요성으로 설명했다. 작가는 독자의 읽기 행위를 거치지 않고서는 자신의 작품을 통해 실현하고자 하는 대자−즉자의 결합에 필요한 즉자, 즉 작품의 객체적인 면을 확보할 수가 없다. 따라서 문학은 독자에 의한 문학이 될 수밖에 없다.

그런데 사르트르는 이제 독자의 요구권을 통해 독자를 위한 문학을 내세운다. 사르트르는 이렇게 말한다. "정신의 모든 작품은 그 자체 속에 이 작품이 겨냥하는 독자의 이미지를 포함하고 있다."[31] 그리고 사르트르는 독자를 두 부류로 구분하면서 독자를 위한 문학의 측면을 정당화한다. "현실적 독자"와 "잠재적 독자"가 그것이다.[32]

사르트르에 따르면 현실적 독자는 경제적 여유가 있고 교육을 받아 작가의 작품을 읽어줄 수 있는 독자이다. 가령 한 사회를 지배하는 자들이다. 그런데 작가가 성실한 태도로 작품을 쓴다면, 작가의 행위는 이들이 지배하는 사회의 문제점을 드러낼 수밖에 없다. 사르트르에게서 '쓰기'는 '드러내기', '고발하기', '변화시키기'와 동의어라는 사실을 여기서 짚고 넘어가자. 따라서 작가의 쓰기는 작가가 속한 사회의 지배 세력의 이익에 항상 "유해하고",[33] 따라서 이 세력과 "항상 적대

관계"에 있다.[34]

그렇기 때문에 지배 세력에 속하는 자들은 작가가 쓴 작품을 읽으려 들지 않을 것이다. 이들이 작가의 작품을 읽으면 그 안에서 자신들의 부끄러운 자화상, 즉 피지배 세력에 속한 자들을 억압하고, 그들에게 폭력을 자행하는 모습을 확인하게 될 것이다. 그런데 이런 상황은 작가에게 가장 불리하다. 작가는 어떻게 해서든 자기 작품을 읽어주는 독자의 협력을 확보해야 한다.

사르트르에 따르면 이런 상황에서 작가는 현재 피지배 세력에 속하는 자들의 존재에 주목한다. 이들은 경제적 여유가 없어서 충분히 교육받지 못해 작품을 쓸 능력이 없다. 즉 이들은 자신들의 비극적인 처지를 드러내고 고발할 능력을 갖추지 못했다. 하지만 만일 작가가 이들을 도와 이들의 입장을 대변해줄 수 있다면, 그리고 그 효과로 이들이 교육을 받아 작가의 작품을 읽어준다면, 작가는 작품을 통한 자기 구원에 필요한 독자를 확보하고, 따라서 자신의 작품에 즉자적인 면을 제공하게 될 것이다.

이렇게 해서 작가는 잠재적 독자들을 위해 글을 쓰게 된다는 것이 사르트르의 주장이다. 그러니까 작가는 잠재적 독자들의 요구권을 인정하고 받아들이게 된다. 그러면서 작가는 잠재적 독자들의 대변자 역할을 떠맡는다. 또한 잠재적 독자들은 작가의 작품을 읽으면서 어렵지 않게 작품의 의미를 끌어낼 수 있다. 다시 말해 작품에 어렵지 않게 객체적인 의미를 부여할 수 있다. 왜냐하면 작품이 독자들의 요구에 부응해 창작되었기 때문이며, 작품을 읽으면서 그들은 자신들의 모습·애환·행복, 곧 자신들의 삶에 바탕을 둔 이야기를 고스란히 발견할 것이기 때문이다.

사르트르에 따르면 이처럼 작가와 독자 사이의 주체성이 하나가 될 때, 즉 작가가 작품에 쏟아부은 의도와 완벽하게 일치하는 의미를 독자가 끌어낼 때 진정한 의미에서 '작품'이 탄생한다. 그러니까 작품은 작가와 독자의 '관용의 협약'이라고 할 수 있으며, 그들의 요구권의 상호 인정과 상호 수용이라고 할 수 있다. 사르트르는 이렇게 작품이 출현하는 것을 보여주는 두 현상이 작가와 독자 각자에게서 나타난다고 말한다. 작가가 느끼는 "안정감"과 독자가 느끼는 "미적 희열"이 그것이다.[35] 여기서 작가가 느끼는 안정감이란 '작품 창작을 통해 자신의 존재근거를 확보하면서 대자–즉자의 결합을 이루었다'는 존재론적 안정감이다.

창작의 결과물을 매개로 한 증여

작가와 독자에 대한 이와 같은 복잡하고도 긴 논의는 인간의 주체적 삶을 방해하는 요인들 가운데 타자의 주체성 파괴 또는 폭력의 극복과 어떤 관계가 있는가? 앞에서 사르트르가 제시하는 인간들의 이상적인 관계, 즉 인간들 모두가 주체적 삶을 영위할 수 있는 조건에 가장 가까운 관계는 사랑이라고 했다. 하지만 사랑은 그 이상적인 성격에도 불구하고 실현이 불가능하다. 다만 사랑과 유사한 구조를 지니는 언어의 경우에는 그 성공과 실패가 유예 상태이다.

또한 앞에서 보았듯이 사르트르는 윤리적 전회 기간에 언어가 지닌 특징을 검토하면서 점차 논의의 범위를 쓰기 행위와 읽기 행위에 바탕을 둔 문학 작품, 나아가 일반적인 창조 행위와 그 결과물에 대한 논의로 확장한다. 그리고 문학 작품과 관련해 사르트르에 의해 새로이 제시된 호소·증여·관용 등의 개념을 살펴보는 과정에서 우리는 작가-독자의 관계에서 우리-주체의 형성이 가능하다는 결론에 도달했다. 비록 이 결론이 이론적 차원에 머무른다고 해도 말이다.

그런데 이런 결론이 가능하려면 다음 사실이 반드시 전제되어야만 한다. 그것은 작가가 그 자신의 주체성을 투사한 작품이라는 창작물을 매개로 독자와 관계를 맺고자 한다는 사실이다. 앞에서 여러 차례 지적했지만, 나와 타자가 대면해서 만나는 경우에는 예외 없이 서로 바라보면서 객체화하려고 한다. 또한 그로 인해 나와 타자의 관계는 서로 주체성의 위치를 선점하려는 대립·갈등·투쟁으로 귀착하기 마련이다.

사르트르는 이런 상황에서 나와 타자 사이에 화해·공존이 가능한 것은 오직 두 사람이 어떤 창작물을 '매개로' 관계를 맺는 경우라고 본다. 이와 관련해 사르트르는 다음과 같이 말한다.

> 타자에 대한 호소 (……)
> 타자와 직접적인 관계 맺는 것을 포기하기.
> 결코 직접적이지 않은 타자와의 진정한 관계. 작품[36]을 매개로 이루어지는 관계. 나의 자유는 상호 인정을 내포하고 있다. 하지만 인간은 자기를 주면서 자기를 상실한다. 관용, 사랑. 작품을 통해 이루어지는 나의 대자와 나의 대타와의 새로운 관계. 나 자신을 타

자에게 내가 창조한 대상으로 주면서 규정한다. 이것은 타자가 나에게 객체성을 줄 수 있도록 하기 위함이다.[37]

　앞에서 보았듯이 《존재와 무》 차원에서는 '창조=증여=호소=관용'의 등식이 성립한다. 다만 증여 행위에는 독성이 배어 있다. 증여는 그 주체가 상대방을 홀리고 굴종시켜 상대방을 객체화하기 위한 행위이기 때문이다. 그런데 이런 행위가 《문학이란 무엇인가》, 《윤리를 위한 노트》에서는 긍정적인 의미를 갖는다. 증여 행위가 독성이 배어 있는 행위에서 긍정적인 행위로 바뀔 수 있는 것은 바로 이 증여 행위 자체가 증여물을 통해 행해진다는 조건하에서만이다.

　그리고 이것이 가능한 것은 증여물, 즉 증여자가 창작해낸 창작물이 존재론적으로 두 개의 상반된 위상을 지니기 때문이다. 하나는 사물로서의 즉자존재이고, 다른 하나는 증여자, 곧 창작자의 주체성이 투사되어 물질화된 대자존재이다. 그러므로 증여자가 자신의 증여물을 통해 수증자와 관계를 맺는 경우에 증여자는 수증자의 자유를 인정하면서 수증자에게 호소하고, 이 호소에 대한 대가로 자신의 증여물에 객체적인 면을 부여해달라고 요구할 수 있다.

　그런데 이때 증여자는 수증자의 자유를 인정하면서 매저키즘 관계를 이루게 된다. 그러면서 증여자는 수증자의 주체성 속에서 존재론적으로 휴식을 취할 수 있게 된다. 하지만 이런 휴식은 씁쓸한 것이며, 죄책감이 수반되는 것이다. 그도 그럴 것이 이 휴식은 증여자의 주체성 포기를 전제로 하기 때문이었다. 하지만 증여자가 수증자에게 증여물을 매개로 관계를 맺는 경우에는 증여자가 이런 매저키즘 관계 속에 있음에도 결코 자신의 주체성을 먼저 포기하는 것에 수반되는 죄책감, 씁쓸함을 느끼지 않는다. 왜냐하면 증여자는 그 자신의 대자, 곧 주체성을 증여물이라는 물질화된 형태로 수증자 앞에 내놓기 때문이다. 이것이 바로 사르트르가 말하는 일반적인 창조 행위와 그 결과물을 매개로 창작자(증여자)가 감상하는 자(수증자)와 우리-주체를 형성하는 메커니즘에 해당한다.

인간은 자기 자신의 주인이자 자기 삶의 주인이 되어야 한다. 그런데 이런 주체적 삶이 때로는 인간 자신의 사물화와 자기기만으로, 때로는 타자의 개입에 따른 매저키즘적 코미디와 폭력 등으로 방해받는다. 그럼에도 불구하고 주체적 삶을 영위하기 위해서는 인간 각자가 자유·주체성·가능성·초월 상태에서 만나 대립·갈등·투쟁을 극복하면서 궁극적으로는 우리-주체의 형성을 실현해야 한다. 사르트르의 현상학적 존재론과 무신론적 실존주의의 차원에서 우리-주체가 형성될 수 있는 유일한 기회, 즉 인간들 각자의 주체적 삶이 실현될 수 있는 유일한 기회는 각자가 자신의 주체성을 투사한 작품을 매개로 다른 사람과 관계를 맺는 경우뿐이라고 할 수 있다.

3
인간학 관점의
극복책

다수의 인간, 희소성과 그 극복

사르트르의 실존주의 관점에서 제시된 인간의 주체적 삶을 방해하는 요인들과 그 극복책은 주로 개인적인 차원으로 강구된 것이다. 하지만 이 책의 첫머리에서 지적했듯이 인간은 개별적 존재임과 동시에 사회적 존재이기도 하다. 사르트르는 실제로 인간의 사회적 차원과 더불어 역사적 차원을 제2차세계대전 발발과 더불어 자각하게 되었고, 그 결과 인간에 대한 그의 이해도 달라질 수밖에 없었다. 사르트르의 달라진 인간 이해는 《변증법적 이성비판》에서 정립이 시도되는 구조적·역사적 인간학의 주요 내용을 이루었다. 그런 만큼 사회적·역사적 존재로서 인간이 주체적 삶을 영위하기 위해 부딪치는 문제들 역시 검토해보아야 한다.

그렇다면 사르트르의 인간학 관점에서 인간의 주체적 삶을 방해하는 요인은 무엇이고, 그것들에 대해 사르트르는 어떤 극복책을 제시할까? 이 질문에 미리 답하자면 우선 그 요인은 다수의 인간과 희소성, 실천적-타성태와 그로 인해 형성되는 집렬체, 이 집렬체를 지배하는 집단적 폭력 등이다. 그리고 이에 대한 극복책은 산아제한 등을 포함한 인구정책, 기술 발전을 통한 생산력 강화, 부의 적절한 분배, 집렬체를 극복하는 융화집단의 형성 등이다. 이 각각의 요인과 극복책을 차례대로 살펴보자.

인간의 주체적 삶을 방해하는 요인들 가운데 먼저 다수의 인간을 보자. 앞에서 지적했듯이 사르트르의 삶은 1939년, 즉 제2차세계대전 발발을 계기로 크게 두 부분으로 나뉜다. 이와 마찬가지로 그의 사유 역시 1939년을 계기로 전·후기로 나뉘는데 전기는 《존재와 무》로, 후기는 《변증법적 이성비판》으로 대표된다. 이 두 시기의 사유 사이에 인식론적 단절이 있는가의 여부가 논의 대상이 되지만, 대부분의 사르트르 연구자는 그러한 단절이 없다는 주장에 동의한다는 사실을 앞에서 언급한 바 있다. 그럼에도 불구하고 사르트르의 전기 사유에서 제시되는 인간 이해와 후기 사유에서 제시되는 인간 이해 사이에는 큰 차이가 있다. 특히 인간 삶의 최종 목표에 대해서 그렇다. 전기 사유에서 인간의 최종 목표는 신이 되고자 하는 욕망, 곧 대자-즉자의 결합 상태를 실현하는 것이다. 반면 후기 사유에서 인간의 최종 목표는 비존재, 즉 죽음의 나락으로 떨어지지 않는 것이다. 그러기 위해 인간은 자기를 에워싸고 있는 물질적 세계에서 자신의 생물학적 욕구를 충족시켜야 한다. 또한 그 과정에서 인간은 이 세계에 있는 물질에 자신의 표지를 새기며 가공된 물질을 만들어내고, 또 역사의 형성에 기여한다.

그런데 문제는 이와 같은 인간의 실천의 장인 물질적 세계가 다수의 인간과 희소성에 의해 지배된다는 점과 이 두 요인이 우연적이지만 필연적인 사실이라는 점이다. 이것은 다음과 같은 두 가지 사실을 의미한다. 첫째, 희소성에 의해 매개된 다수의 인간의 관계는 경쟁을 유발하며, 이런 경쟁이 심해질 경우에는 대립과 갈등 상황으로 발전한다는 사실이다. 이런 상황이 이들 각자의 주체적 삶을 방해하는 요인으로 나타난다는 것은 분명하다. 둘째, 위의 두 요인이 우연적이고 필연적 사실에 속하기 때문에 이 요인들을 극복하는 것은 실제로 거의 불가능하다는 사실이다.

지구상에 존재하는 수많은 인간은 지성을 발휘하여 당연히 이런 우연적인 동시에 필연적인 사실에 맞서고자 노력한다. 산아제한 등과 같은 인구정책이 그 좋은 예이다. 물론 사르트르가 《변증법적 이성비판》에서 이와 같은 인구정책을 직접적으로 제시하는 것은 아니다. 하지만 이 책의 여러 곳에서 인구라는 요소가 갖는 중요성이 지적된다. 인구에 대한 사르트르의 이런 논의를 차치하고서라도 지구상에 존재하는 인간들 사이의 경쟁·대립·갈등·투쟁을 완화할 수 있는 방책 가운데 하나가 인구정책이라는 사실은 부인할 수 없다. 그렇다고 해도 이런 정책이 실질적인 효과를 내기란 결코 쉽지 않을 것이다. 지구상에는 수많은 나라와 민족이 있다. 그런 만큼 동일한 인구정책을 모든 나라와 민족에 획일적으로 적용하는 것은 거의 불가능하다.

그럼에도 가능한 한 많은 인간이 주체적 삶을 영위하려면 다음과 같은 태도를 취할 필요가 있다. 다수의 인간이 존재한다는 우연한 사실 자체를 피할 수 없는 삶의 기본 조건으로 받아들이는 태도이다. 또한 지구라는 물질적 세계에 맞는 적정 수준의 인구수를 유지하기 위해 각 국에서 끊임없이 노력을 기울이는 태도이다. 이는 다수의 인간의 공존과 상생을 위해 요구되는 기본적인 노력이다.

그다음으로 희소성을 보자. 인간들의 관계를 경쟁·대립· 갈등·투쟁으로 유도하는 희소성도 인간들의 주체적 삶을 방해하는 주요 요인이다. 지구상의 수많은 나라는 보유하는 자원의 양이 제각각 다르다. 그런데 지구 전체로 보면 자원은 턱없이 부족하다. 게다가 인류는 발전을 위해 자원을 계속 사용하고 있다. 그로 인해 고갈 상태에 처한 자원도 있다.

또한 희소성은 단지 자원 문제에만 그치지 않는다. 인간에게 시간은 모든 갈등을 결정짓는 한 요소이다. 그도 그럴 것이 더 빠른 기술 개발, 더 빠른 산업 혁명 등은 결국 인간들 사이의 불평등을 낳는 근본적인 원인이기 때문이다. 게다가 인간은 필멸하는 존재라는 점에서 시간은 인간에게 절대적 희소성으로 작용한다. 사르트르는 이렇게 말한다. "시간의 희소성은 자원의 희소성과 결합하여 모순을 갈등으로 변화시킨다."[38] 여기에 더해 수많은 인간이 살고 있는 지구는 공간적인 면에서도 희소성의 지배하에 있다. 이런 희소성이 인간들의 주체적 삶을 방해할 뿐만 아니라, 그들의 관계를 경쟁·대립·갈등·투쟁으로 이끈다는 것은 부인할 수 없다.

물론 인간들은 개별적으로 또는 한데 힘을 합쳐 희소성을 극복하기 위한 온갖 노력을 과거에도 했고, 현재도 하고 있으며, 앞으로도 할 것이다. 인류의 역사는 이런 노력을 통해 희소성이 극복된 경우도 없지 않다는 것을 보여준다. 수많은 분야의 기술 개발과 이를 통한 생산력 증가가 그 좋은 예이다. 또한 이런 노력의 결과로 인간들 사이의 경쟁·대립·갈등·투쟁이 완화된 경우도 없지 않다. 하지만 인류는 여전히 희소성의 지배에서 벗어나지 못하고 있는 실정이다. 사르트르는 이렇게 말한다. "수천 년의 역사 이래 인류의 4분의 3은 영양실조 상태에 처해 있는 것이 사실이다."[39] 게다가 인류가 존속하는 한 희소성의 지배에서 벗어날 수 있으리라고 확신할 수 없다는 사실은 우리를 더욱 암울하게 만든다.

인류가 살고 있는 지구라는 물질적 세계는 과연 희소성의 지배에서 완전히 벗어날 수 있을까? 그렇게 되면 인간들 사이의 경쟁·대립·갈등·투쟁은 완전히 사라질까? 이론상으로는 가능할지도 모른다. 먼 장래에 인류에게 부족한 것이 없는 세계가 도래할지도 모를 일이다. 사르트르 역시 그런 가정을 한다. 하지만 사르트르는 그런 세계가 어떤 세계가 될지는 알 수 없는 상태로 남아 있다고 말한다. 마치 지구가 아닌 행성에서 살 수도 있을 다른 생명체가 어떤 종류인지 모르는 것과 마찬가지로 말이다.[40]

하지만 인류가 지구상에서 희소성의 지배로부터 완전히 벗어날 수 있을지도 모른다는 전망은 한낱 공상에 머물 공산이 크다. 더군다나 사르트르에 따르면 이와 같은 전망은 희소성을 극복하기 위해 힘을 합친 인간들의 실천의 결과물에서 발산되는 실천적-타성태로 인해 더 어두워진다. 인간들의 주체적 삶에 대한 전망도 마찬가지이다.

실천적-타성태, 집단적 폭력과 그 극복

방금 언급했듯이 다수의 인간과 희소성은 인간들의 삶 자체를 위협하는 원초적이고, 극복이 어려운, 심지어 거의 극복 불가능한 요인들에 해당한다. 하지만 인간들은 개별적으로 또는 힘을 합쳐 군집을 이루면서 이 두 요인을 극복하고자 노력한다. 이런 노력은 개별적 실천이나 집단적 실천으로 나타난다.

　개인으로서의 인간이나 집단의 한 구성원으로서의 인간은 자신의 생물학적 욕구를 충족하면서 생명을 보존하기 위해 자기를 에워싸고 있는 물질적 세계에서 활동해야만 한다. 또한 인간들의 이와 같은 활동에는 세계에 존재하는 물질을 가공해서 뭔가를 만들어내는 일, 곧 창조 행위가 수반된다. 사르트르는 이런 모든 활동을 실천으로 규정한다. 요컨대 실천은 인간들의 삶 자체를 가능케 해주는 가장 기본적인 요소이다. 게다가 인간들의 실천은 희소성으로 인해 그들 사이에 나타난 경쟁·대립·갈등·투쟁을 완화하는 긍정적인 역할을 수행해야 한다. 그리고 이런 긍정적 역할 덕택에 인간들은 주체적 삶을 영위할 수 있는 터전을 마련할 수 있을 것이다.

그런데 사르트르에 따르면 인간들의 실천은 이와 같은 긍정적 역할을 하기는커녕 오히려 그들의 실천에 적대적이고, 나아가 그들의 주체적 삶을 방해하는 역할을 수행한다. 사르트르의 이런 주장은 실천적-타성태 개념으로 이해된다. 인간들이 과거에 했던 실천의 결과물이 시간이 흐른 뒤 그들의 실천의 장인 물질적 세계로 편입되고, 이렇게 해서 새롭게 형성된 물질적 세계는 새로이 이루어질 그들의 실천에 불리하게 작용한다는 것이다. 그런데 인간들의 실천에 불리하게 작용한다는 것은 인간들 각자가 주체적 삶을 영위하는 것을 방해한다는 의미와 같다. 사르트르에 따르면 이와 같은 실천적-타성태 개념은 지금까지 인류가 고안해내고 만들어낸 모든 것에 해당된다. 가령 법률·언어·제도·학문 등이다.

하지만 인간들의 실천과 주체적 삶을 방해하는 실천적-타성태의 부정적 기능은 거기에서 그치지 않는다. 앞에서 봤듯이 이 실천적-타성태로 인해 한 군집의 구성원들 사이의 관계는 이타성이 지배하는 관계로 자연스럽게 변질되고, 그에 따라 구성원들의 관계가 집렬체화된다. 이렇게 해서 이 구성원들이 속한 군집은 집렬체의 성격을 띠게 된다.

그리고 실천적-타성태의 작용으로 인해 집렬체의 구성원들은 그 안에서 생산되고 축적된 부의 대부분을 소유하는 자들의 부류(유산계급)와 그렇지 못한 자들의 부류(무산계급)로 나뉜다. 또한 두 부류 사이에는 필연적으로 대립·갈등·투쟁이 나타난다. 사르트르에 따르면 이런 실천적-타성태의 작용이 극단에 이르러 대립·갈등·투쟁이 악화하면, 전자의 부류에 속하는 자들이 자행하는 착취와 약탈로 인해 후자의 부류에 속하는 자들의 삶과 죽음이 문제시되는 상황이 도래한다. 사르트르는 이런 이유로 실천적-타성태에 지배되는 집렬체 구성원들의 삶을 지옥과도 같은 삶으로 규정한다. 이런 삶이 그들 모두의 주체적 삶과 너무 멀리 동떨어져 있다는 것은 말할 나위가 없다.

그렇다면 사르트르는 실천적-타성태로 인해 발생하는 집렬체 내의 지옥과도 같은 삶에 대해 어떤 극복책을 제시하는가? 사르트르가 제시하는 극복책은 '실천 주체로서의 인간의 지위에 대한 강조'라고 할 수 있다. 실천적-타성태 개념 자체에는 그 이전에 이루어진 실천의 결과물에 의해 인간의 실천이 제한된다는 의미가 함축되어 있다. 하지만 사르트르는 이런 제한에도 불구하고 여전히 실천 주체로서의 인간의 지위를 확고히 인정한다. 이것은 사르트르가 인간학 차원에서도 실존주의 차원에서와 마찬가지로 인간중심주의적 사유를 펼친다는 의미이다.

이와 관련해 사르트르의 실천적-타성태 개념과 구조주의자들이 사용하는 '구조' 개념을 비교하는 것은 흥미롭다. 사르트르는 구조 개념을 "실천적-타성태의 한 계기에 불과한 것"[41]으로 여긴다. 실제로 《변증법적 이성비판》(1권)이 출간된 1960년을 전후해 프랑스에서는 구조주의가 크게 유행했다. 1964년에 사르트르는 노벨 문학상 수상자로 선정되면서 개인적으로 영광의 정점에 서게 된다. 하지만 이 시기에 벌써 그는 구조주의의 물결에 밀려 프랑스 지식인들의 활동 무대에서 뒤편으로 점차 물러나고 있었다. 주지하다시피 구조주의에서는 '주체의 죽음', '인간의 죽음'이 공공연하게 선언된다. 이와 같은 선언에는 여러 가지 의미가 함축되어 있는데, 인간이 이 세계에서 의미의 생산자가 아니라는 의미도 포함되어 있다. 구조주의자들에 따르면 의미는 하나의 '체계'를 이루는 부분과 부분 사이의 관계, 부분과 체계 전체 사이의 관계, 곧 '구조'에서 발생한다. 이런 주장은 인간을 이 세계의 중심에 놓고, 또 그를 의미의 생산자로 보는 사르트르의 주장과는 완전히 대척점에 놓여 있다.[42]

그렇기 때문에 구조주의자들은 인간을 실천의 주체, 역사 형성의 주체로 여기는 사르트르를 비판한다. 구조주의자들은 이와 같은 인간의 지위를 인정하지 않는다. 그들에 따르면 모든 것은 체계 내재적이고 자율적인 자동 조절 원리에 의해 작동된다. 따라서 이 체계 내에 주체로서의 인간의 자리가 있을 수 없다. 그로부터 주체의 죽음, 인간의 죽음이라는 구조주의를 관통하는 테제가 기인한다.

하지만 사르트르는 《변증법적 이성비판》에서 인간을 '자신을 에워싸고 있는 물질적 세계에서 자신의 생물학적 욕구를 충족시킴과 동시에 이 세계에 존재하는 물질에 그 자신의 표지를 기입하면서 그것을 가공된 물질로 바꾸는 실천의 주체'로 여긴다. 그리고 인간은 이런 실천을 통해 다른 인간들과 때로는 갈등과 투쟁으로, 때로는 공존과 협력으로 사회를 구성하고 역사를 만들어나가는 주체라는 것이 사르트르의 주장이다.

다만 사르트르는 인간학 차원에서 주체로서의 인간의 실천이 무한정 자유롭게 이루어진다는 사실을 부인한다.[43] 앞에서 지적했듯이 이 차원에서 인간의 실천은 다음과 같은 요인에 의해 제한된다. 하나는 다수의 인간과 희소성이다. 이 두 요소는 인간이 어찌할 수 없는 요소이다. 그도 그럴 것이 이 두 요소는 우연적이지만 필연적인 사실이기 때문이다. 다른 하나는 실천적-타성태이다. 인간은 과거에 행해진 실천의 결과물에 의해 미래 차원의 실천에 제약을 받는다. 이와 같은 제약은 구조조주의자들이 주장하는 구조에 의한 인간 행동의 제약과 그 궤를 같이하는 듯이 보인다.

하지만 사르트르는 여전히 실천 주체로서의 인간의 지위를 강조한다. 그러니까 그는 '실천적-타성태'에서 '타성태'보다는 오히려 '실천'에 방점을 찍는 것이다.[44] 사르트르는 인간과 역사의 관계를 다음과 같은 세 개의 측면으로 이해한다. 하나는 인간이 자신의 실천을 통해 주체로서의 지위를 확보함과 동시에 역사 형성에 기여한다는 측면이다. 다른 하나는 역사가 인간을 만든다는 측면이다. 왜냐하면 역사가 실천적-타성태로 작용하기 때문이다. 마지막 하나는 역사가 인간과 그의 실천의 결과물을 토대로 만들어낸 모든 것을 가지고 인간이 다시 역사 형성에 기여한다는 측면이다.

이렇듯 사르트르는 실천적-타성태 개념으로 구조주의자들의 구조 개념을 대체함과 동시에 실천의 측면을 강조함으로써 주체의 죽음, 인간의 죽음, 구조 개념을 넘어서고자 한다. 또한 사르트르는 실천의 주체로서의 인간을 역사 형성의 주체로 여긴다. 하지만 사르트르의 이와 같은 인간중심주의는 1960년대 당시 구조주의자들의 강한 비판에 직면했다. 우리는 앞에서 푸코가 사르트르에게 가한 비판을 언급한 바 있다. 19세기의 인간관으로 20세기의 인간을 이해하고자 했다는 비판이었다. 그러니까 푸코에 따르면 사르트르는 인간을 중심에 세우고 인간의 이성 작용을 통해 그와 관계된 사회·역사를 모두 아우를 수 있는 거시적 관점의 한 가지 법칙을 정립하고자 하는, 곧 총체성을 파악하고자 하는 무리한 시도를 감행했다는 것이다.

그럼에도 불구하고 사르트르는 실천의 주체, 의미 생산의 주체, 역사 형성의 주체로서의 인간의 지위를 계속해서 강조한다. 사르트르의 견해가 힘을 잃지 않았다는 증거 가운데 하나가 1968년에 발발한 5월혁명이다. 이 혁명은 "'사르트르'의 혁명"[45]이라고 불리고, 또 "사르트르의 설욕"[46]이라고도 지칭된다. 실제로 사르트르는 5월혁명이 발발하기 8년 전이자 구조주의가 한창 유행하던 시기인 1960년에 출간한《변증법적 이성비판》1권에서 이 혁명의 모든 내용을 이미 예견했다는 평가를 받는다. 그중에서도 특히 실천 주체, 역사 형성 주체로서의 인간의 지위에 대한 강조가 두드러진다. 또한 21세기로 접어들면서 주체의 부활, 인간의 부활이라는 논리가 또다시 철학의 주요 주제로 등장하고 있다는 사실을 떠올려보자.

그런데 실천 주체, 역사 형성 주체로서의 인간의 지위에 대한 사르트르의 강조가《변증법적 이성비판》에서는 집렬체로부터 융화집단으로 이행할 수 있도록 하는 근본적인 원동력이 된다는 사실이 흥미롭다. 그리고 이와 같은 이행은 실천적-타성태에 의해 출현하는 집렬체와 그 내부에서 발생하는 집단적 폭력을 극복하기 위해 인간학 차원에서 사르트르가 제시한 방책의 하나이다.

앞에서 실천적-타성태의 작용으로 인해 출현한 집렬체에서는 유산계급에 속하는 자들과 무산계급에 속하는 자들 사이에 대립·갈등이 나타난다고 했다. 그리고 이런 대립과 갈등이 악화되어 전자에 의해 자행되는 착취·억압·폭력으로 인해 후자에게 삶과 죽음이 문제시되는 극단적인 상황이 도래하면 이 집렬체는 융화집단으로 이행할 수 있다고 했다. 물론 이런 이행이 실현되려면 무산계급에 속한 자들이 착취·억압·폭력으로부터 벗어난다는 공동 목표를 위해 한데 뭉쳐야 한다. 사르트르에 따르면 이것이 바로 혁명 발발의 상황에 해당한다.

그런데 이처럼 지옥과도 같은 세계인 집렬체에서 융화집단으로 이행할 수 있다는 것에는 이미 그 구성원들이 자신들의 실천의 결과물에서 발산되는 실천적-타성태를 극복할 수 있는 실천, 더 정확히 말하자면 무산계급에 속하는 자들의 공동 실천이 가능하다는 사실이 함축되어 있다. 이 점은 아무리 강조해도 지나치지 않다. 왜냐하면 이는《변증법적 이성비판》차원에서 사르트르가 인간들의 주체적 삶을 방해하는 실천적-타성태와 그로 인한 집렬체 상태를 극복할 수 있는 방책으로 융화집단의 형성을 제시한다는 점을 보여주기 때문이다. 물론 융화집단이 형성되려면 이 집단에서 무산계급에 속하는 자들의 공동 실천이 전제되어야 한다.

여기에 더해 사르트르가 제시한 융화집단으로의 이행이 그 전 단계인 집렬체에서 유산계급에 속하는 자들의 약탈·착취·억압, 곧 폭력에 의해 삶과 죽음의 경계선상에 놓이게 되는 무산계급에 속한 자들의 폭력에 의해 이루어질 공산이 크다는 사실을 지적하자. 물론 집렬체에서 유산계급에 속한 자들과 무산계급에 속한 자들의 합의를 통해 서로 만족할 만한 수준에서 전체적인 부를 분배한다면 융화집단으로의 이행이 평화적으로 이루어질 수도 있을 것이다. 이론적으로는 그렇다. 하지만 구체적인 현실에서 그 가능성은 극히 희박하다. 따라서 집렬체에서 융화집단으로의 이행은 대부분 폭력적 수단에 의해 이루어지기 마련이다.

이처럼 집렬체에서 유산계급에 속한 자들이 행하는 폭력(기존의 폭력)을 분쇄하기 위해 무산계급에 속한 자들이 동원하는 폭력(대항폭력)은 융화집단 형성에 기여한다는 의미에서 일종의 '초석적 폭력'이다. 이는 사르트르의 인간학 차원에서 인간들이 주체적 삶을 방해하는 집렬체를 분쇄하려면 폭력에 의지해야 한다는 것을 의미한다.

물론 집렬체의 분쇄가 평화적·비폭력적 수단에 의해 이루어지는 것이 가장 바람직하다. 하지만 이것은 현실적으로 거의 불가능하다. 집렬체에서 유산계급에 속한 자들은 자신들의 소유 대상으로부터 그 수량을 증가시켜달라는 요구, 즉 명령을 받으며 거기에 응하지 않을 수 없다. 그런데 유산계급에 속한 자들이 요구에 응하면 응할수록 무산계급에 속한 자들의 삶은 점점 더 삶과 죽음의 경계선에 가까워지게 된다. 이처럼 융화집단의 구성원 전체가 주체적 삶을 영위하려면 초석적 폭력이라는 극단적 방책을 동원해야 할 수도 있다고 사르트르는 주장한다.

하지만 이런 방책에는 당연히 막대한 인적·물적 피해가 수반한다. 인류 역사상 발발한 대부분의 혁명은 유혈혁명이었다. 그것의 성공과 실패에 관계없이 말이다. 사르트르에 따르면 이렇듯 인간학 차원에서 인간들이 주체적 삶을 영위하기 위해서는 대항폭력에 수반하는 비싼 대가를 치러야 하는 경우가 대부분이다. 하지만 비극적인 사실은 비싼 대가를 지불하는 것이 거기에서 그치지 않는다는 점이다. 기존의 폭력을 분쇄하는 대항폭력을 통해 형성되는 융화집단은 그 존속 과정에서 또 다른 폭력에 의존해야 한다는 것이 사르트르의 주장이다. 이것이 바로 서약에 내포된 폭력이다.

앞에서 살펴본 대로 융화집단은 '우리'의 세계, 편재성이 지배하는 세계, 완벽한 상호성이 지배하는 세계이다. 이 집단에서는 모든 구성원이 '나·너·그'의 구별 없이 권리와 의무 면에서 동등하다. 그러니까 이 융화집단이 지속되는 동안만큼은 모든 구성원이 주체적 삶을 영위한다고 할 수 있다. 하지만 문제는 이 집단이 구성원들의 공동 실천이 행해지는 순간에만 존재 권리를 가진다는 점이다. 따라서 이 융화집단을 계속 존속시키려면 모종의 방책을 강구해야만 한다. 그것이 바로 구성원들 전체의 서약이다.

구성원들 각자는 집단의 안전과 존속을 위해 집단의 이름으로, 다른 구성원들 앞에서 '집단을 배반하지 않겠다'고 맹세한다. 중요한 것은 이런 맹세가 단지 언어상의 다짐에만 그치지 않는다는 것이다. 서약이 효력을 발휘하려면 그 위반자를 처단할 수 있는 조치가 요구된다. 극단적인 경우에 서약 위반자는 목숨을 내놓아야 한다. 이렇듯 서약에는 폭력이 함축되어 있다. 이것이 가능하려면 강제력이 있어야 한다. 사르트르는 강제력의 기원을 집단 구성원들 전체의 자유가 저당잡히는 데서 찾는다. 구성원들은 집단의 이익을 해하는 행동을 하지 않겠다고 맹세하는 것이다. 이것이 바로 배반자를 처형할 수 있는 강제력의 근원이다.

그런데 이 서약 위반자에게 가해지는 폭력은 그 규모가 작다. 여기에서 작다는 것은 상대적으로 이해해야 한다. 융화집단이 집렬체에서 이행했다는 점, 그리고 집렬체는 훨씬 규모가 큰 폭력이 자행되는 세계라는 점을 상기하자. 다시 말해 집렬체에서는 구성원들 가운데 유산계급에 속하는 자들이 실천적-타성태로 인해 무산계급에 속하는 자들에게 약탈·착취·억압을 가한다.

그렇기 때문에 서약은 서약 위반자 또는 위반자들(보통 그 숫자는 전체 구성원에 비해 적다)을 처형한다는 의미에서 '작은 폭력'이다. 그리고 이 폭력은 '방어적 폭력'의 성격을 띤다. 방금 지적했듯이 서약 위반자 또는 위반자들을 처형하는 것은 융화집단(이제 서약집단이다)이 다시 집렬체로 회귀하는 것, 즉 더 큰 폭력이 발생하는 것을 미연에 막는 기능을 수행한다.

사르트르에 따르면 서약집단은 그것을 유지하기 위한 효율성 문제로 인해 다시 그 내부에 이타성을 도입하게 되어 조직화된 집단으로 이행하고, 이어서 조직화된 집단은 제도화된 집단으로 이행한다. 그리고 제도화된 집단은 집렬체와 같다. 이렇게 해서 사르트르는《변증법적 이성비판》에서 역사에 대해 집렬체에서 집단으로, 그리고 집단에서 집렬체로 이행하는 '재집단화와 화석화의 이중 운동'이라고 주장한다. 그런데 이런 운동에서 우리의 관심사인 인간 또는 인간들의 주체적 삶과 관련해 가장 중요한 것은 바로 폭력의 사용이라고 할 수 있다.

실천의 결과물에서 기인하는 실천적-타성태의 작용으로 인해 집렬체에서 발생하는 기존의 폭력이 주체적 삶을 방해하는 요소라는 것은 분명한 사실이다. 또한 기존의 폭력을 분쇄하는 것은 또 다른 폭력, 곧 대항폭력이다. 대항폭력은 융화집단을 출현시키는 초석적 폭력이다. 그리고 구성원들 전체가 주체적 삶, 인간적 삶을 영위할 수 있는 융화 집단은 짧은 기간에만 존재할 수 있으므로, 이것을 존속시키려면 서약 이라는 또 다른 폭력, 즉 방어적이고 작은 폭력에 의지해야 한다는 것 이 사르트르의 주장이다.

이런 이유로 사르트르는 폭력을 '필요한 폭력'과 '불필요한 폭력'으 로 구분한다. 이런 구분은 메를로퐁티가 주장한 이른바 '진보적 폭력' 과도 일맥상통한다. 진보적 폭력의 주창자들은 미래의 유토피아를 건 설하기 위해 현재 자행되는 작은 폭력이 정당화될 수 있다는 논리를 내 세운다. 20세기 중반 프랑스 지식인들을 대논쟁으로 이끌었던 '목적' 과 '수단' 문제가 이 진보적 폭력과 밀접하게 연결된다.

어쨌든 사르트르의 《변증법적 이성비판》의 차원, 즉 인간학 차원에서 인간 또는 인간들의 주체적 삶을 방해하는 가장 중요한 요인은 실천적-타성태로 인한 집렬체적 폭력이고, 이것을 극복할 수 있는 방책 역시 폭 력이라는 점이 분명히 드러난다. '절친'이던 아롱은 이런 주장을 펴는 사르트르에 대해 폭력을 전파하는 '사도'로 규정하고 강하게 비판했다.

하지만 사르트르가 자신의 전 생애에 걸쳐 폭력을 폭력으로 극복하 는 해결책만을 제시한 것은 결코 아니다. 물론 그의 사유가 이와 같은 해결책을 선호하던 때가 있었다. 가령 1943년에 공연된 《파리떼》에서 대표적으로 드러난다. 이 작품에서 엘렉트라는 이렇게 말한다. "나는 말만으로 이곳[47] 백성들을 정복할 수 있다고 믿고 싶었어요. (⋯⋯) 폭력 에 의해서만 그들을 낮게 할 수가 있어요. 하나의 악을 이기기 위해서는 또 다른 하나의 악이 있어야 하니까요."[48]

또한 1946년에 집필한 시나리오 〈톱니바퀴L'Engrenage〉에서는 정치지도자 장과 신문기자이자 작가인 뤼시앵을 통해 폭력 극복의 수단으로 폭력과 글쓰기가 각각 제시된다. 뤼시앵은 이렇게 말한다. "나는 폭력에 맞서 싸우고자 하네. 하지만 내 방식으로일세. 나는 행동하는 인간이 아니네. 나는 글을 쓰네. 나는 펜으로 폭력을 고발하고자 하네."[49] 그러자 장은 이렇게 맞선다. "비참한! 폭력! 폭력에 대항해 나는 단 하나의 무기만을 볼 뿐이네. 폭력이네."[50] 이 같은 사르트르의 생각이 극점에 달한 것은 1951년에 공연된 희곡 〈악마와 선한 신Le Diable et le bon Dieu〉 가운데 괴츠의 선택에서이다. 그는 최종적으로 폭력을 선택한다.[51]

이런 사실들을 종합해보면, 사르트르에게서는 인간의 주체적 삶을 방해하는 폭력을 극복하는 데 '순수대항폭력'과 글쓰기, 곧 '언어 폭탄'으로서의 '언어적 대항폭력'이 길항한다고 할 수 있다. 사르트르는 초반에는 순수대항폭력을 주장하다가 점차 이것과 글쓰기의 결합을 제시하고, 나중에는 글쓰기를 포함한 창작 행위를 통한 증여·관용으로 기우는 듯이 보인다. 다시 말해 창작 행위의 결과물인 '작품'을 매개로 하는 증여·관용으로 기운다고 할 수 있다.

어쨌든 사르트르에 따르면 인간이 주체적 삶을 영위하기 위해서는 실천적–타성태의 작용으로 인해 집렬체 내에서 나타나는 기존의 폭력을 반드시 극복해야 한다. 사르트르가 이를 위해 한때 순수대항폭력을 선호했든, 아니면 후일 언어적 대항폭력, 곧 글쓰기 쪽으로 기울었든 간에 말이다.

주체적 삶을 이루는 조건들

지금까지 '20세기를 자신의 세기로 만들었다'고 평가받는 사르트르와 동행하면서 인간의 주체적 삶에 관련된 여러 문제를 살펴보았다. 그 과정에서 먼저 어떤 삶을 주체적 삶으로 규정할 수 있을지를 알아보았고, 사르트르의 사유에서는 인간의 주체적 삶을 결정하는 여러 요소 가운데 '자유'가 가장 우선시된다는 사실을 지적했다.

이어서 사르트르가 어떤 삶을 영위했는지를 생각해보며, 그의 삶에서 변곡점에 해당하는 네 개의 주요 사건과 그 의미에 주목했다. 또한 주체적 삶을 영위하는 장본인인 '인간'이란 어떤 존재인가를 사르트르의 시각에서 살펴보았으며, 인간이 주체적 삶을 영위하는 것을 방해하는 요인들은 무엇이며 이에 대해 사르트르는 어떤 극복책을 염두에 두

었는지 헤아려보았다.

이런한 논의를 바탕으로 사르트르의 사유에서 인간이 주체적 삶을 영위하기 위해 충족해야 할 최소한의 조건들이 무엇인지 제시할 수 있다. 앞선 논의와 마찬가지로 실존주의 관점과 인간학 관점을 구별해서 조건들을 나열해보자.

먼저 실존주의 관점에서 제시될 수 있는 조건들을 보자. 우리는 사르트르의 무신론적 실존주의의 주요 테제들을 알아보았다. 신의 부재, 우연성과 무상성, 본질에 선행하는 실존, 기투와 자유, 책임 등이었다. 그런데 이 테제들에 인간이 주체적 삶을 영위하기 위해 필요한 조건들이 이미 함축되어 있는 듯이 보인다.

첫째, 사르트르의 사유 내에서라면 인간은 주체적 삶을 영위하기 위해 가장 먼저 신의 부재라는 가정을 받아들여야 한다. 이것은 '자신의 행동을 규율하는 초월적 가치가 존재하지 않는다'는 사실을 받아들이는 것과 같다. 기독교 신자들은 당연히 이 조건을 받아들이지 않을 테다. 하지만 '사르트르의 사유 내에서'라는 전제하에 이것은 인간이 주체적 삶을 영위하기 위한 가장 기본적인 조건이다.

둘째, 주체적 삶을 영위하고자 하는 인간은 자신의 존재가 우연성과 무상성에 의해 지배된다는 사실을 인정해야 한다. 만일 그렇지 않다면 인간은 자신의 존재와 삶이 모종의 필연성에 지배되고, 호명되며, 유도된다는 사실을 인정해야 한다. 그런데 이것은 방금 살펴본 신의 부재, 초월적 가치의 부재라는 가정과 모순된다. 신의 존재를 인정하면 인간을 포함한 모든 존재는 존재이유는 물론이거니와 존재근거를 가지게 된다. 신의 의도에 따라 모든 것이 일목요연하게 진행되기 때문이다. 하지만 신의 부재를 가정하면 인간을 포함한 모든 존재는 필연성이 아니라 우연성의 지배 아래 놓이게 된다. 따라서 주체적 인간은 이런 조건을 받아들이면서 자신의 우연적인 존재를 정당화하기 위해 모든 노력을 기울여야 한다.

셋째, 주체적 삶을 영위하고자 하는 인간은 자신의 실존이 자신의 본질에 선행한다는 사실을 받아들여야 한다. 이 조건 역시 신의 부재와 밀접하게 연결된다. 신은 조물주, 곧 데미우르고스의 자격으로 인간을 포함한 모든 존재를 창조하면서 그것들에 본질을 부여한다. 하지만 신의 부재를 가정하면 최소한 인간에게는 선험적으로 자신을 규정할 수 있는 본질이 존재하지 않는다. 오히려 인간은 자신을 스스로 만들어나가면서 무엇인가가 된다. 즉 인간은 처음에는 아무것도 아니었다가 실존하면서 자신의 본질을 갖게 되는 것이다.

넷째, 주체적 삶을 영위하기 위해서 인간은 미래를 향해 끊임없이 자신을 기투해야 한다. 앞에서 인간의 기투와 실존은 동의어라는 사실을 지적했다. 인간은 시간과 더불어 자기 자신을 만들어내고 창조해나간다. 게다가 인간의 이런 기투·행동·창조·실존은 그의 의식의 지향성 구조를 채우는 작업과도 밀접하게 연결된다. 앞에서 보았듯이 대자의 방식으로 존재하는 인간의 의식은 항상 그 무엇인가에 대한 의식으로 존재해야 한다. 의식이 무화작용을 통해 그 무엇인가를 자신의 지향성 구조를 채우는 하나의 대상으로 선택하는 것이다. 그리고 이렇게 의식은 대상에 대해 거리를 펼치면서 존재 관계를 맺고 그것에 의미를 부여하게 된다. 그렇기 때문에 주체적 인간은 항상 의식을 작동시킬 준비를 하고 있어야 하는 것이다. 바꿔 말해 인간은 결코 사물과 같은 방식으로 존재해서는 안 된다.

다섯째, 인간의 기투와 의식의 지향성을 채우는 작업은 자유로운 상태에서 이루어져야 한다. 또한 그 결과에 대해 모든 책임을 져야 한다. 이것이 어쩌면 인간이 주체적 삶을 영위하는 데 가장 중요한 조건이 될 수 있다. 만일 인간이 미래를 향해 자신을 기투하고 또 자신의 의식을 작동시키는 과정에서 자유롭지 못하다면, 인간은 주체적 삶과는 거리가 먼 삶을 영위할 수밖에 없을 것이다. 다시 말해 인간의 의식과 기투, 행동과 실존이 억압적이고 폭력적인 상황에서 작용한다면 그는 결코 자신의 고유한 삶, 곧 자신만의 실존의 주체가 되지 못할 것이다. 그리고 인간은 자신의 자유로운 기투와 의식 작용의 결과에 대해 응분의 책임을 져야 한다. 그렇지 않다면 인간의 기투와 의식 활동은 조절과 통제가 불가능한 상태에 빠지게 될 것이다.

여섯째, 주체적 삶을 영위하기 위해서 인간은 자신의 주위에 있는 타자와 우리-주체를 형성하면서 공생과 화해를 추구해야 한다. 사르트르의 사유에서 '나'는 타자와 만나자마자 어쩔 수 없이 주체성의 자리를 두고 시선 투쟁을 벌여야 하는 처지에 있다. 게다가 타자와의 투쟁은 끝이 없다. 나는 타자를 살해하려는 시도인 증오를 통해서도 투쟁의 악순환에서 빠져나오지 못한다는 것이 사르트르의 주장이다. 그럼에도 불구하고 주체적 삶을 영위하기 위해서는 나는 물론이거니와 타자 역시 이런 악순환에서 빠져나와야만 한다.

이상적인 인간관계라고 할 수 있는 사랑도 궁극적으로는 실패로 끝나고 만다. 하지만 언어 관계의 성공과 실패는 유예 상태에 있으며, 그 성공과 실패가 완전히 정해지지 않는다. 따라서 언어 관계를 통해 나와 타자 사이의 공존과 화해를 실현하고자 끝까지 노력해야 할 것이다.

사르트르는 《존재와 무》 이후에 이처럼 언어 그리고 특히 창조 행위를 통한 타자와의 공존과 화해의 길을 탐색하는 것으로 보인다. 그 과정에서 사르트르는 특히 창조 행위의 결과물, 곧 작품을 매개로 이루어지는 호소·증여·관용 등의 개념을 제시하면서 자신의 윤리를 정립하고자 노력한다. 그런데 이와 같은 윤리의 정립은 나와 타자의 자유에 대한 인정과 신뢰를 요구하며, 이는 그대로 나와 타자의 주체적 삶의 구현에 결정적인 역할을 하는 것으로 보인다.

그다음으로 인간학 관점에서 제시될 수 있는 주체적 삶의 실현에 요구되는 조건들을 살펴보자. 앞에서 여러 차례 지적한 바와 같이 실존주의 차원에서 사르트르는 고립된 인간에만 관심을 집중한다. 가령 이상적인 인간관계에 해당하는 우리-주체도 개인으로서의 나와 타자의 결합에 그치고 있다. 그렇기 때문에 《존재와 무》 차원에서 주체적 삶을 영위하기 위한 조건들 역시 개인적인 차원에 국한된다.

반면 《변증법적 이성비판》에서는 사르트르의 관심이 역사적·사회적 차원에 서 있는 인간들의 관계, 이들에 의해 형성되는 집단들 사이의 관계 등으로 확대된다. 따라서 인간학 차원에서 요구되는 주체적 삶을 위한 조건들은 실존주의 차원에서 제시된 것들과는 현저하게 다를 수밖에 없다. 인간학 관점에서 시도된 인간에 대한 이해에 비춰 주체적 삶을 영위하기 위한 조건들을 제시해보기로 하자.

첫째, 인간학 차원에서 주체적 삶을 영위하기 위해서는 인간의 수를 조절하고 희소성을 극복하기 위해 계속 노력해야 한다. 앞에서 사르트르의 무신론적 실존주의의 주요 테제들은 그대로 《변증법적 이성비판》에도 적용된다고 지적한 바 있다. 왜냐하면 이 책을 관통하는 방법론이 마르크스주의와 사르트르 자신의 무신론적 실존주의, 프로이트의 정신분석학 등의 결합에 의해 정립되었기 때문이다. 실제로 사르트르는 인간학 차원에서도 신의 부재를 가정하면서 이 세계, 더 정확히 말하면 물질적 세계에 존재하는 다수의 인간과 희소성을 우연적인 동시에 필연적인 사실로 여긴다.

그런데 이 두 요소로 인해 인간은 자신을 에워싸고 있는 물질적 세계에서 생물학적 욕구를 충족하는 과정에 나타나는 경쟁·대립·갈등·투쟁으로 인해 주체적 삶을 영위하는 데 방해받는다는 것을 부인할 수 없다. 그렇기 때문에 인간학 차원에서 다수의 인간의 수를 조절하고 희소성을 극복하기 위한 노력은 인간의 주체적 삶을 결정하는 가장 기본적인 조건이다.

둘째, 실천적-타성태가 내보이는 반목적성을 가능하면 최소화해야 한다. 인간들은 희소성을 극복하기 위해 한데 힘을 모아 공동 실천을 하면서 집단을 구성한다. 그리고 인간들의 공동 실천의 결과물은 이들 사이에 발생하는 대립·갈등·투쟁을 완화하기는커녕 오히려 더 조장하고, 거기에 집단적인 성격을 부여한다. 다시 말해 한 사회의 구성원들을 사회의 부를 대부분 소유하는 부류에 속한 자들과 그렇지 못한 부류에 속한 자들로 나누어버리고, 이들 사이의 대립·갈등·투쟁을 부추기는 것이다. 그 주된 이유는 바로 인간의 실천의 결과물에서 발산되는 실천적-타성태이다. 인간이 주체적 삶을 영위하려면 당연히 이 실천적-타성태를 극복해야 한다. 즉 인간이 실천의 결과물의 지배를 극복하고 실천의 주체로 우뚝 서야 한다는 의미이다.

셋째, 실천적-타성태에 의해 형성되는 군집, 곧 집렬체를 지배하는 이타성을 극복하면서 '우리'의 세계, 곧 융화집단을 가능하면 비폭력적 방식으로 형성해야 하고, 융화집단이 형성되는 경우에는 이것을 비폭력적 방식으로 지속시켜야 한다. 융화집단의 특징 가운데 하나는 그 구성원들 사이에 완전한 상호성이 맺어진다는 것이다. 다시 말해 융화집단에선 '나·너·그'의 구별이 없다는 의미이다. 그렇기 때문에 융화집단은 '우리'를 구성할 수 있다. 하지만 융화집단은 그 구성원들이 공동 실천을 하고 있는 동안에만 존재 권리를 가진다. 따라서 이 집단을 존속시키는 장치를 고안해내야 한다. 그 장치가 바로 서약이다. 이렇듯 인간들이 주체적인 삶을 영위하려면 그것이 불가능한 집렬체에서 융화집단으로 이행해야 하며, 또 융화집단을 서약에 의해 서약집단으로 이행시키면서 존속시켜야 한다.

이처럼 집렬체 상태로 존재하는 사회에서 유산계급에 속하는 자들이 무산계급에 속하는 자들의 존재론적 힘을 약화시키면서 무산계급에 속하는 자들에게 억압·폭력을 가하는 상황에서는 두 계급의 구성원들 모두 주체적 삶을 영위할 수 없다. 전자는 후자의 존재 자체를 파괴하는 억압적이고 폭력적인 자가 될 것이고, 후자는 후자대로 전자가 자행하는 억압과 폭력 아래에서 비인간적인 삶을 영위할 수밖에 없기 때문이다. 이런 상황에서 후자에 속한 자들은 한데 뭉쳐 '우리', 곧 융화집단을 형성하고, 그 뒤에는 이 집단을 존속하고 유지하면서 자신들의 인간성을 회복하고자 노력하게 된다.

이와 같은 노력이 융화집단에 속한 모든 자가 주체적 삶을 영위할 수 있는 여러 조건 가운데 하나라는 것은 말할 나위가 없다. 다만 사르트르가 《변증법적 이성비판》에서 주장하는 것과는 달리, 융화집단과 그에 이어지는 서약집단을 존속하고 유지하기 위해 평화적이고 비폭력적인 수단과 방법을 고안해내려는 노력을 멈추지 말아야 한다.

이제 질문 하나를 던지고 그에 답하면서 이 책을 마무리하고자 한다. '사르트르는 과연 자기 삶의 주인으로 살았을까?'라는 질문이다. 이 질문에 대한 답은 '그렇다'이다. 전체적으로 그의 삶은 앞에서 제시한 주체적 삶의 조건들을 충족하는 듯이 보인다. 하지만 집단의 구성원으로서 사르트르는 주체적 삶을 영위하는 데 많은 어려움을 겪었다고 할 수 있다. 그가 주체적 삶을 영위했는가를 가늠해볼 수 있는 기준은 크게 세 가지를 꼽을 수 있다. 첫 번째는 신의 부재라는 가정을 고수했는지 여부, 두 번째는 외할아버지-신의 영향력에서 벗어났는지 여부, 세 번째는 실천적-타성태의 작용으로 인해 발생하는 지배계급과 피지배계급 사이의 대립·갈등·투쟁에서 지배계급으로부터 탈계급화했는지 여부이다.

첫 번째 기준과 관련해 사르트르는 《말》의 말미에서 직접 이렇게 말한다. "무신론은 가혹하고도 긴 시일이 필요한 작업이었다. 나는 이 작업을 끝까지 밀고 나갔다고 생각한다."[1] 이 말을 그대로 받아들인다면 사르트르는 끝까지 신의 부재라는 가정을 고수했다고 할 수 있다. 하지만 문제는 그의 말년에, 좀 더 구체적으로는 그가 시력을 거의 잃어 다른 사람에게 의지하면서 생활해야 할 때 생겼다.

실제로 사르트르는 말년에 베니 레비Benny Lévy를 비서로 채용했다. 레비는 피에르 빅토르Pierre Victor라는 이름으로 1968년 5월혁명과 그 이후에 전개된 마오주의 운동에서 활발하게 활동한 유대 철학자·지식인이다. 레비는 1974년부터 1980년까지 사르트르의 개인 비서로 일했다. 또한 사르트르는 양녀인 유대인 아를레트의 도움도 받고 있었다. 그런데 레비는 아를레트와 함께 '사르트르로 하여금 신의 부재라는 가정을 포기하게 했다'고 주장했다.

이로 인해 가장 큰 타격을 받은 사람은 다름 아닌 보부아르였다. 그는 사르트르로 하여금 신의 부재라는 가정을 포기하도록 한 레비의 행동에 분개했다. 보부아르는 이런 포기가 앞을 보지 못하는 사르트르에게 일방적으로 강요되었다고 판단했다. 그런데 사르트르가 신의 부재라는 가정을 포기했다는 것은 보부아르에게 자신의 삶의 대부분을 부인해야만 한다는 의미이기도 했다. 보부아르가 이를 용인할 리 만무했다. 사르트르를 사이에 두고 '보부아르 진영'과 '레비·아를레트 진영'의 불화가 고조되었다.[2] 보부아르 진영의 사람들은 사르트르가 죽기 전에 신의 부재라는 가정을 포기했다는 레비의 주장을 전적으로 부인했다. 그리고 거의 대부분의 사르트르 연구자도 사르트르가 신의 부재라는 가정을 끝까지 고수했다고 생각한다.[3] 따라서 사르트르가 이 가정에 이어서 주체적 삶을 결정하는 다른 조건들을 충족하는 데는 별다른 어려움이 없었으리라고 생각한다.

그다음으로 사르트르가 과연 외할아버지-신의 영향력에서 탈피했는지를 생각해보자. 앞에서 사르트르가 칼의 호명을 받아 거의 자동적으로 책상을 향해 글을 쓰러 달려가는 장면을 암시하는 듯한 대목을 인용한 바 있다. 사르트르가 작가인 동시에 철학 교수자격시험에 합격한 교수가 된 배경에 어린 시절 칼과의 대담이 사르트르의 기억 속에 깊이 각인된 사실이 있었던 것이다. 이것은 사르트르가 평생 외할아버지-신의 영향력 아래에 있었다는 것을 보여준다.

하지만 사르트르는 자기 삶의 주인이 되기 위해 끊임없이 외할아버지-신과 투쟁을 벌였다. 그 증거는 바로 증여 개념에 있다. 앞에서 사르트르는 자신을 증여자인 동시에 증여물로 여겼다는 사실을 지적한 바 있다. 그런데 그의 사유에서 증여는 그것을 받는 자, 곧 수증자의 주체성을 파괴하는 유력한 행위이다. 따라서 사르트르가 외할아버지-신의 강력한 힘 때문에 외할아버지-신의 환심을 사기 위해 가족 코미디나 유희를 하든 외할아버지-신의 호명을 받아 글을 쓰든 그 결과물, 즉 증여물은 결국 수증자인 외할아버지-신의 주체성을 파괴하기에 이른다고 할 수 있다. 그렇다고 샤를이 손자 사르트르가 쓴 소설이나 철학책을 직접 읽은 것은 아니다. 하지만 사르트르의 머릿속에서는 이와 같은 복수의 메커니즘이 작동하고 있었다고 할 수 있다. 이것은 그대로 사르트르가 외할아버지-신의 영향력에서 벗어나 주체적 삶을 영위했다는 또 하나의 증거이다.

마지막으로 사르트르가 지배계급으로부터 탈계급화했는지 여부를 보자. 사르트르는 지배계급, 그중에서도 중간계급에 해당하는 프티부르주아계급 출신이다. 그렇기 때문에 사르트르의 모든 노력은 그의 출신 계급의 이익, 나아가 그를 성장시키고 교육시킨 지배계급의 이익을 증진하는 데 동원될 수 있었다. 하지만 사르트르는 지식인, 그것도 참여 지식인을 자처한다.

사르트르는 지식인을 "자신과 무관한 일에 공연히 참견하는 사람"[4]으로 정의한다. 사르트르에 따르면 프티부르주아계급 출신 지식인은 그가 사는 사회에서 "불행한 의식"[5]을 갖게 된다. 여기서 프티부르주아계급 출신 지식인이란 정확하게는 "잠재적 지식인",[6] 곧 자기 분야에서 전문 지식과 실용 지식을 쌓은 자인 '실천적 지식 기술자TSP: technicien du savoir pratique'를 말한다. TSP가 갖는 불편한 의식은 "보편성"과 "특수성" 사이의 모순을 자각하는 데서 기인한다.[7] TSP는 다음과 같은 사실을 꿰뚫어보게 된다. 즉 그 자신이 습득했던 지배계급에서의 교육 내용은 모든 사람의 이익을 위한다는 보편적 논리를 따라야 하나, 실제로는 그 내용이 이 계급의 이익을 위한다는 특수성의 논리를 따르고 있다는 사실이다.

이때 TSP는 두 가지 가능성에 직면한다. 하나는 참다운 지식인이 될 가능성이고, 다른 하나는 TSP에 머물고 말 가능성이다. TSP가 참다운 지식인이 되려면 이른바 '탈계급화'가 이루어져야 한다. 사르트르에 따르면 TSP의 탈계급화는 두 가지 양상으로 나타날 수 있다. 하나는 '상향 탈계급화'이고, 다른 하나는 '하향 탈계급화'이다.

상향 탈계급화는 TSP가 보편성과 특수성 사이의 모순을 자각하고 불행한 의식을 가졌음에도 불구하고, 그로 인해 불편해하고 괴로워하는 대신 유산계급의 이데올로기를 받아들이고 인정하며, 자신의 전문 지식과 기술을 계속 이 계급의 특수성을 위해 동원하고 봉사하기로 마음먹는 것이다. 사르트르의 친구였던 폴 니장Paul Nizan의 표현대로 이런 TSP는 스스로 "집 지키는 개"[8]가 되고자 결심하는 것이다. 물론 이런 TSP가 참다운 의미의 지식인이 될 수 없음은 말할 나위가 없다. 그는 "사이비 지식인"[9]인 것이다.

하향 탈계급화는 상향 탈계급화와 반대된다. 하향 탈계급화를 시도하는 TSP는 위에서 말한 모순과 불행한 의식을 온몸으로 끌어안고서 자기를 키워주고 교육시켜준 지배계급이 자행하는 억압과 폭력을 드러내고 고발하고자 한다. 또한 자신도 자기의 전문 지식과 기술을 보편성에 맞게 사용하려고 노력하기로, 다시 말해 지배계급만이 아니라 피지배계급을 위해서도 자기의 지식과 기술을 이용하려고 노력하기로 마음먹을 수 있다. 이와 같은 하향 탈계급화의 경우에만 비로소 TSP는 참다운 의미에서 지식인으로 변모한다는 것이 사르트르의 주장이다.

사르트르가 이렇게 규정한 지식인은 '고전적 지식인'에 해당한다. 하지만 사르트르는 1968년 5월혁명을 겪은 뒤 자신의 지식인관을 근본적으로 변화시키게 된다. 그러면서 "새로운 지식인"[10]을 제시한다. 사르트르는 5월혁명, 즉 68혁명을 거치면서 새로운 지식인을 이렇게 규정한다. 새로운 지식인은 보편성과 특수성 사이의 모순과 거기에서 기인하는 불행한 의식의 자각을 넘어서서 피지배계급에 속하는 자들(민중) 속으로 직접 뛰어들어 그들의 동반자가 되는 지식인이라고 말이다.

그런데 한 가지 흥미로운 점은 사르트르가 68혁명을 거치면서 주로 만났던 '마오주의자들'의 영향으로 이런 사실을 깨치게 되었다는 것이다. 그러니까 마오주의자들에 따르면 사르트르가 규정하는 고전적 지식인은 민중과 '함께avec' 있기는 하지만, 참다운 의미에서 그들과 '하나'가 되지 못하는 것이다. 하나가 되기는커녕 고전적 지식인은 민중 위에 군림하고, 그들에게 지식과 기술을 주면서 이끄는 엘리트에 불과하다. 이에 반해 새로운 지식인은 모든 전문 지식과 기술을 부르주아적 특수성으로 규정하고, 문자 그대로 민중 '속에dans' 들어가 그들과 하나가 되어 생활하고 활동하는 자로 규정된다.

이렇듯 사르트르는 68혁명을 거치면서 새로운 지식인관을 제시한다. 그렇다면 참여 지식인을 자처했던 사르트르는 과연 68혁명 이전과 이후를 포함해 하향 탈계급화와 민중 속으로 뛰어드는 데 성공했는가? 이 질문은 특히 '사르트르가 그의 인간학 차원에서 제시되는 주체적 삶을 영위했는가'를 묻는 질문과 무관하지 않다. 그런데 이 질문에 대한 대답은 부정적이다.

사르트르가 1939년 제2차세계대전을 계기로 인간과 사회에 대한 이해에 인식론적 전회를 겪은 것은 사실이다. 그 이후에 참여문학론을 전개하며 문학의 사회변혁적 기능을 강조한 것도 사실이다. 또한 그는 한동안이나마 정치조직에 관여하면서 직접 정치에 뛰어들기도 했다. 그의 이런 행동들은 모두 하향 탈계급화의 일환으로 여겨질 수 있다.

하지만 그 과정에서 사르트르가 보여준 모습은 결코 행동가나 투사의 모습이 아니다.

가령 사르트르는 68혁명에 적극 가담했다. 하지만 그가 이 혁명 동안에 수행한 참여는 '말'(신문·방송·잡지 등과의 인터뷰, 소르본대학 강당에서 한 강연 등)을 통한 참여에 불과한 것으로 보인다. 사르트르는 학생들에게 그저 자신의 "명성의 무게"만을 빌려주었고, 그런 만큼 "프롤레타리아트에게 '말하는'"[11] 사람이었다고 할 수 있다. 이런 사정은 68혁명 이후에도 마찬가지였다. 마오주의자들은 사르트르의 이름과 권위가 필요했다. 다시 말해 그들은 사르트르를 단순한 방패막이, 이용 가치가 있는 '거물' 정도로만 여겼던 것이다.

이런 사실들로 미루어보면, 사르트르는 자신의 주체적 삶을 영위하는 일에서 자신의 출신 계급으로부터의 영향이라는 방해 요인을 극복하는 데 가장 큰 어려움을 겪었다고 할 수 있다. 물론 그가 지배계급의 일원으로 피지배계급에 속한 자들에 대해 마치 구두끈을 매듯 허리를 굽혀 위에서 아래로 굽어보는 태도를 취하지는 않았다. 오히려 그가 다양한 방식으로 하향 탈계급화를 위해 노력했다는 점은 부인할 수 없다.

분명 이런 노력 덕택에 사르트르에게는 '참여 작가', '참여 지식인', 나아가 "지성의 전방위에 있었던 밤의 감시자이자 걸출한 일꾼" 등의 호칭이 주어졌다. 이는 또한 우리가 사르트르의 이름을 기억하고, 그의 저작을 읽게 되는 원동력이기도 하다. 그럼에도 사르트르는 개인보다는 집단의 일원으로서 주체적 삶을 영위하는 과정에서 더 큰 고충을 많이 겪었다고 할 수 있다. 물론 이런 고충에서 그가 평생 내세운 '실존'

의 논리, 곧 자신을 앞으로 기투하고 창조하면서 나아가는 행위이자 주체적 삶의 흔적이 드러난다는 점은 부인할 수 없다.

지금까지 인간의 주체적 삶과 관련해서 사르트르의 삶과 사유를 들여다 보았다. 이 논의가 자기 삶의 주인이 되고자 나아가는 이들에게 조금이나마 도움이 되길 바란다.

시작하며: 사르트르가 예찬하는 주체적 삶을 향하여

[1] 한나 아렌트, 《전체주의의 기원》(I·II), 이진우·박미애 옮김, 한길사, 2023.

1부 사르트르의 삶을 들여다보다

[1] 베르나르앙리 레비, 《사르트르 평전》, 변광배 옮김, 을유문화사, 2009.

[2] Michel Contat et Michel Rybalka, *Les Écrits de Sartre*, Gallimard, 1970, p.11.

[3] OAS(Organisation de l'armee secrète). 알제리의 독립에 반대하며 알제리전쟁 말기에 활동한 프랑스의 극우 테러 단체.

[4] 프랑스어 단어 'bouillon'의 의미는 '비등(沸騰)', '끓음' 등이다. 'Bouillon de Culture'는 '수많은 문화 현상의 비등'이라는 의미를 지닌다.

[5] 장 프랑수아 시리넬리, 《세기의 두 지식인, 사르트르와 아롱》, 변광배 옮김, 세창출판사, 2023, 32쪽.

[6] 같은 책, 16쪽. 발할라(walhalla)는 북유럽신화에서 영웅적인 전사들이 죽은 뒤 머무는 장소이며, 비유적으로 천국을 의미한다. 반면 알라리(hallali)는 사냥감을 함정에 몰아넣었을 때 내는 사냥꾼의 함성이나 각적 소리, 사냥의 마지막 순간 등을 가리키며, 비유적으로는 패배나 파멸을 의미한다.

[7] 코친차이나(Cochin China)는 프랑스의 식민지였던 베트남 남부 지방의 옛 이름이다.

코친차이나 열병은 전장염(全腸炎)으로, 소장과 대장의 염증을 일컫는다.

[8] Jean-Paul Sartre, *Les Mots*, in *Les Mots et autres écrits autobiographiques*, Gallimard, 2010, p.6.

[9] 셰르부르(Cherbourg)는 영불해협에 있는 프랑스의 항구도시이다. 장바티스트의 동창생 조르주 슈바이체르(Georges Schweitzer)가 이곳에서 조선 기사로 근무하고 있었고, 장바티스트는 그곳에 들렀다가 조르주의 누이동생 안마리를 소개받았다.

[10] 같은 책, p.6.

[11] 같은 책, p.8.

[12] 같은 책, p.8.

[13] 같은 책, pp.8-9.

[14] 같은 책, p.11.

[15] 같은 책, p.9.

[16] 같은 책, p.9.

[17] 같은 책, p.8.

[18] 같은 책, p.8.

[19] 같은 책, p.9.

[20] 같은 책, p.12.

[21] 같은 책, p.47.

[22] 'Jean sans terre'는 영국의 왕 리처드 1세(Richard I)의 남동생이자 헨리 2세(Henry II)의 막내아들 존(John)을 가리킨다. 그의 별명은 '랙랜드(Lackland)'인데, 이는 그가 어렸을 때 봉토를 받지 못해 붙은 이름이다. 우리말로 '결지왕(缺地王)'이라고 옮기기도 하지만, 그가 왕위에 오른 뒤 프랑스에 영토를 대폭 빼앗긴 적이 있어 '실지왕(失地王)'이라는 의미로 사용되기도 한다. 사르트르는 《말》을 구상하면서 아버지로부터 아무것도 물려받지 않았다는 의미에서 'Jean sans terre', 곧 '무영토 장'이라는 제목을 붙이려고 했다. 여기에서 '장'은 사르트르 자신이다. 또한 'Jean sans terre'를 'Jean(-Paul) Sartre'의 애너그램, 곧 철자 바꾸기로 해석하는 견해도 있다. 즉 'Sartre'를 'Sans terre'로 보는 것이다. 이 같은 견해에 관해서는 다음 책들을 참고하기 바란다. Michel Contat (dir.), *Pourquoi et comment Sartre a écrit* Les Mots: *Genèse d'une autobiographie*, Presses universitaires de France, 1996, pp.198-201; Jean-Paul Sartre, *Les Mots et autres écrits autobiographiques*, pp.1274-1275.

[23] Jean-Paul Sartre, *L'Être et le néant: Essai d'ontologie phénoménologique*, Gallimard,

1943, p.664.

24 같은 책, p.680.

25 Jean-Paul Sartre, *Cahiers pour une morale*, Gallimard, 1983, p.22.

26 Simone de Beauvoir, *Pour une morale de l'ambiguïté* suivi de *Pyrrhus et Cinéas*, Gallimard, 1974, p.51.

27 Jean-Paul Sartre, *Les Mots*, in *Les Mots et autres écrits autobiographiques*, p.44.

28 프랑스어 샤를(Charles)의 독일어식 발음인 '칼(Karl)'과 할머니를 뜻하는 '마미(mamie)'의 합성어로, 풀루가 외할아버지 샤를과 외할머니 루이즈(Louise)를 지칭하는 데 사용한 애칭이다.

29 사르트르에게서 제2의 아버지의 문제에 대해서는 다음 책을 참고하기 바란다. 변광배, 《사르트르와 폭력: 사르트르의 철학과 문학에 나타난 폭력의 얼굴들》, 그린비, 2020, 421-438쪽.

30 Jean-Paul Sartre, *Les Mots*, in *Les Mots et autrés écrits autobiographiques*, Gallimard, p.10.

31 같은 책, p.11.

32 같은 책, p.14.

33 같은 책, p.10.

34 같은 책, p.16.

35 같은 책, p.11.

36 같은 책, p.12.

37 같은 책, p.12.

38 같은 책, p.15.

39 같은 책, p.50.

40 《말》에서 샤를은 두 얼굴을 가진 어른으로 묘사된다. 하나는 사진 기술과 포즈 취하기에 빠져 있는 '광대' 모습이다. 다른 하나는 무서운 힘을 지닌 하느님 아버지를 닮은 모습이다. 사르트르는 샤를을 지칭할 때 두 개의 이름을 사용한다. '샤를'과 '칼'이 그것이다. 샤를은 전자의 모습을, 칼은 후자의 모습을 가리킨다.

41 같은 책, pp.84-85.

42 같은 책, pp.85-86.

43 같은 책, p.11.

44 같은 책, p.85. 실제로 사르트르는 칼의 목소리를 죽은 장바티스트의 목소리로 착

각했다고 말한다.

[45] 같은 책, p.85.

[46] 같은 책, p.88.

[47] Claude Burgelin, Les Mots *de Jean-Paul Sartre*, Gallimard, 1994, p.72.

[48] Jean-Paul Sartre, *Les Mots*, in *Les Mots et autres écrits autobiographiques*, p.16.

[49] Jean-Paul Sartre, *L'Être et le néant : Essai d'ontologie phénoménologique*, p.684.

[50] Jean-Paul Sartre, *Les Mots*, in *Les Mots et autres écrits autobiographiques*, p.15.

[51] 사르트르는 증여와 관련된 개념들, 가령 '관용(générosite)', '헌신(dévotion)' 등도 타자의 주체성 파괴를 의미한다고 본다. 이 점에 대해서는 뒤에서 다시 살펴볼 것이다.

[52] 《말》에 나타난 샤를에 대한 사르트르의 비판에 관해서는 다음 자료를 참고하기 바란다. Josette Pacaly, *Sartre au miroir: Une lecture psychanalytique de ses écrits autobiographiques*, Klincksieck, 1980, p.72.

[53] Jean-Paul Sartre, *Les Mots, in Les Mots et autres écrits autobiographiques*, p.17.

[54] 같은 책, p.17.

[55] 실제로 1960년 프랑스가 수행하던 알제리전쟁에 반대해 소위 '121인 선언'으로 알려진 '알제리전쟁에서의 불복종 권리에 관한 선언'에 서명한 사르트르를 경찰이 체포하려 했을 때, 드 골 대통령은 "볼테르를 체포하는 것이 아니다!(On n'emprisonne pas Voltaire!)"라고 말하면서 사르트르를 볼테르로 여긴 적이 있다.

[56] 같은 책, p.4.

[57] 같은 책, p.41.

[58] 같은 책, p.8.

[59] 같은 책, p.8.

[60] 같은 책, p.10.

[61] 같은 책, p.10.

[62] 사르트르는 《파리떼(Les Mouches)》에 나오는 오레스테스와 엘렉트라, 《자유의 길(Les Chemins de la liberté)》에 나오는 보리스와 이비치, 《알토나의 유폐자들(Les Séquestrés d'Altona)》에 나오는 프란츠와 레니의 경우를 그 예로 든다. 이들 가운데 실제로 근친상간을 한 인물은 프란츠와 레니이다(같은 책, p.28).

[63] 사르트르는 《존재와 무》의 4부 2장 1절에서 프로이트의 정신분석을 비판적으로 수용하면서 실존적 정신분석의 정립을 시도한다.

[64] Simone de Beauvoir, *La Cérémonie des adieux* suivi de *Entretiens avec Jean-Paul Sartre*,

Gallimard, 1981, p.193.

[65] Francis Jeanson, *Sartre dans sa vie*, Seuil, 1974, p.289.

[66] *Sartre*, un film réalisé par Alexandre Astruc et Michel Contat, texte intégral, Gallimard, 1977, p.17.

[67] Jean-Paul Sartre, *Écrits de jeunesse*, Gallimard, 1990, pp.56-57, note 3; Annie-Cohen Solal, *Sartre 1905-1980*, Gallimard, 1985, p.75.

[68] Simone de Beauvoir, *La Cérémonie des adieux* suivi de *Entretiens avec Jean-Paul Sartre*, p.191.

[69] *Sartre*, un film réalisé par Alexandre Astruc et Michel Contat, texte intégral, p.18.

[70] 같은 책, p.19.

[71] 같은 책, pp.18-19.

[72] 라로셸에서의 폭력 체험이 지니는 의미에 대해서는 다음을 참고하길 바란다. 변광배, 《사르트르와 폭력: 사르트르의 철학과 문학에 나타난 폭력의 얼굴들》, 14-38쪽.

[73] 사르트르를 위시해 고등사범학교(École Normale Supérieure)에 다녔던 그의 친구들은 엘리트 의식에 사로잡혀 있었다. 그들은 자신들만의 정체성을 갖기 위해 고유한 언어를 사용하기도 했다. 또한 그들은 특히 장 콕토(Jean Cocteau)의 소설 《르 포토마크(Le Potomak)》에 등장하는 '으젠가(家)(les Eugènes)'의 인물들의 이름에서 힌트를 얻어 서로를 부르면서 다른 사람들과 신분상으로 구별된다고 생각하기도 했다. 그런데 프랑스어 단어 'eugène'는 '잘 태어난', '우월하게 태어난'이라는 의미를 가지고 있다. 사르트르가 보부아르와의 계약결혼을 'mariage morganatique'라고 표현한 것은 고등사범학교 출신인 자신과 소르본대학 출신인 보부아르 사이에 차이가 있다는 것을 보여주기 위함이었다고 할 수 있다. 실제로 사르트르와 그의 친구들은 소르본대학 학생들을 무시하면서 그곳에서 들어야 할 강의에 참석하지 않은 적이 많았다.

[74] 지금 살펴보는 '사랑'과 곧이어 살펴보는 '언어' 관계에 대해 보부아르가 사르트르와 같은 의미를 부여하는가의 문제가 제기될 수 있다. 보부아르는 이 두 관계에 대해 사르트르와 같은 의미를 부여한다고 할 수 있다. 그 근거는 철학 분야에서, 특히 사르트르의 무신론적 실존주의의 테제들을 인정하고 받아들인다는 보부아르의 고백이다. 물론 보부아르는 후일 나와 타자 사이의 관계를 주로 갈등과 대립으로 이해하는 사르트르의 사유에 이의를 제기하면서 그 화해 가능성을 제시하는 방향, 곧 윤리의 방향으로 나아간다. 바로 거기에 두 사람의 사유의 차이점과 대

립점이 자리한다고 할 수 있다. 하지만 사르트르 역시 보부아르가 윤리의 방향으로 나아가던 시기에 거의 같은 방향으로 나아간다. 그 증거가 바로 1983년에 사르트르의 유고집으로 출간된 《윤리를 위한 노트(Cahiers pour une morale)》이다. 이 책에 포함된 노트들은 실제로 보부아르에게서 윤리적 전회가 이루어지던 시기에 작성되었다.

[75] Jean-Paul Sartre, *L'Être et le néant: Essai d'ontologie phénoménologique*, p.440.

[76] Alice Schwarzer, *Simone de Beauvoir aujourd'hui: Six entretiens*, Mercure de France, 1984, p.61.

[77] Jean-Paul Sartre, *Les Mots*, in *Les Mots et autres écrits autobiographiques*, p.20.

[78] Jean-Paul Sartre, *Situations*, X, Gallimard, 1976, pp.175·180.

[79] Jean-Paul Sartre, *La Nausée*, in *Œuvres romanesques*, Gallimard, 1981, p.1.

[80] Jean-Paul Sartre, *Situations*, X, pp.176–180.

[81] Simone de Beauvoir, *Mémoires d'une jeune fille rangée*, Gallimard, 1958, p.477.

[82] Jean-Paul Sartre, *Critique de la raison dialectique*, (précédé de *Questions de méthode*), t. I: *Théorie des ensembles pratiques*, Gallimard, 1960, p.28.

2부 철학으로 인간을 이해하다

[1] Jean-Paul Sartre, *Saint Genet: Comédien et martyr*, Gallimard, 1952, p.158.

[2] 《존재와 무》의 부제는 "현상학적 존재론 시론(essai d'ontologie phénoménologique)"이다.

[3] Jean-Paul Sartre, *Critique de la raison dialectique*, t. I, p.14.

[4] 2권은 미완성인 채로 사르트르의 사후인 1985년에 출간되었다.

[5] Jean-Paul Sartre, *Situations*, X, p.83.

[6] 소포클레스, 《소포클레스 비극》, 천병희 옮김, 단국대학교 출판부, 2005, 105쪽.

[7] 크레온은 그리스신화에 등장하는 테베의 왕 오이디푸스의 외삼촌이자 처남이고, 안티고네는 오이디푸스의 딸이다.

[8] 같은 책, 106쪽.

[9] Pascal, *Pensées*, Flammarion, 1976, p.150.

[10] 한나 아렌트, 《정신의 삶》, 홍원표 옮김, 푸른숲, 2019, 232–241쪽.

[11] Jean-Paul Sartre, *L'Existentialisme est un humanisme*, Nagel, 1946, p.36.

[12] Jean-Paul Sartre, *La Nausée*, in *Œuvres romanesques*, p.155.

[13] Jean-Paul Sartre, *L'Existentialisme est un humanisme*, p.17.

[14] 같은 책, pp.21-22.

[15] Simone de Beauvoir, *Pour une morale de l'ambiguïté* suivi de *Pyrrhus et Cinéas*, Gallimard, 1944, p.256.

[16] 1인칭 단수와 복수의 경우에는 각각 'me(므)'와 'nous(누)'가, 2인칭 단수와 복수의 경우에는 각각 'te(트)'와 'vous(부)'가, 3인칭 단수와 복수의 경우에는 모두 'se(스)'가 사용된다.

[17] Jean-Paul Sartre, *L'Être et le néant:Essai d'ontologie phénoménologique*, p.27.

[18] 앞에서 의식의 출현·작동이 형이상학적 질서에 속하는 사건이라고 했다. 만일 유신론자라면 인간의 의식 작용, 곧 사유 능력을 신이 부여한 능력으로 볼 테다. 하지만 사르트르는 신의 부재를 가정하기 때문에 인간의 의식 작용, 사유 능력은 우연적 질서에 속한다고 본다. 오늘날 인공지능에 대한 논의가 심화되고 있다. 만일 이전에 지능이 전혀 없던 사물, 가령 쇳덩어리에서 인간의 의식 작용과 같은, 또는 그것을 훨씬 능가하는 현상이 발생한다고 가정해보라. 그러면 인간과 같거나 훨씬 강력한 지능을 지니면서 인간과는 달리 거의 무한정 존재할 수 있는 존재가 탄생할 것이다.

[19] 같은 책, p.539.

[20] 같은 책, p.711.

[21] 같은 책, p.61.

[22] 같은 책, p.708. '무익한 수난'으로 번역되기도 한다.

[23] 같은 책, p.654.

[24] 같은 책, p.253.

[25] 같은 책, p.561.

[26] 같은 책, p.277.

[27] 같은 책, p.315.

[28] 같은 책, p.324.

[29] 같은 책, p.502.

[30] Jean-Paul Sartre, *Huis Clos*, in *Théâtre complet*, Gallimard, 2005, p.128.

[31] Jean-Paul Sartre, *L'Être et le néant:Essai d'ontologie phénoménologique*, p.276.

[32] Jean-Paul Sartre, *L'Existentialisme est un humanisme*, pp.66-67.

33 Jean-Paul Sartre, *L'Être et le néant:Essai d'ontologie phénoménologique*, p.431.

34 같은 책, p.430.

35 같은 책, p.433.

36 같은 책, p.445.

37 같은 책, p.456.

38 일반적으로 철학에서 프랑스어 'corps(코르)'와 'chair(셰르)'는 각각 '몸'과 '살'로 번역된다. 특히 모리스 메를로퐁티(Maurice Merleau-Ponty)의 철학에서 그렇다. 하지만 여기에서는 'corps'를 '신체'로, 'chair'를 '육체'로 번역하기로 한다. 이는 'corps'는 '의식'과 동일한 것으로 여겨지는 한편, 'chair'는 'corps'가 누군가의 '시선'에 의해 객체화되거나 대상화된 상태를 가리킨다는 차이에 따른 것이다.

39 같은 책 p.459.

40 사르트르의 사유에서 신체는 아주 중요한 개념이다. 그는 이 신체를 세 가지 차원으로 구분해서 설명한다. 첫째, 신체는 의식과 같은 것으로 여겨진다. 둘째, 신체는 사물과도 같은 즉자존재이다. 셋째, 타자의 시선 아래 놓이는 것으로서의 신체이다. 사르트르에게서 신체에 대한 논의는 《존재와 무》의 3부 2장(신체)을 참고하길 바란다.

41 같은 책, p.460.

42 같은 책, p.473.

43 같은 책, pp.448-449.

44 같은 책, p.483.

45 같은 책, p.477.

46 같은 책, p.483.

47 같은 책, p.483.

48 같은 책, p.484.

49 같은 책, p.479.

50 같은 책, p.481.

51 Jean-Paul Sartre, *Critique de la raison dialectique*, t. I, p.180. '프롤레고메나'라는 표현은 칸트의 저서 《학(學)으로 나타날 수 있는 미래 형이상학에 관한 프롤레고메나》(1783)의 제목에서 유래한다.

52 다음 자료를 참고하기 바란다. Philippe Hodard, *Sartre entre Marx et Freud*, Jean-Pierre Delarge, 1979, pp.19-35.

[53] Jean-Paul Sartre, *Critique de la raison dialectique*, t. I, p.236.

[54] 같은 책, p.77.

[55] 같은 책, p.243.

[56] 같은 책, p.255.

[57] 같은 책, pp.364-376.

[58] 물론 정확히 말하자면 이 승객들이 이 버스를 제조한 것은 아니다. 하지만 사회 전
체의 차원에서 보면 버스는 이 사회 구성원들에 의해 제조된 것이다.

[59] 같은 책, p.367.

[60] 같은 책, p.368.

[61] 같은 책, p.300.

[62] 같은 책, p.319.

[63] Jean-Paul Sartre, *Situations, VI*, Gallimard, 1964, p.355.

[64] Jean-Paul Sartre, *Critique de la raison dialectique*, t. I, p.454.

[65] 같은 책, p.461.

[66] 앞에서 봤듯이 《존재와 무》 차원에서도 사랑과 언어의 관계 정립을 통한 우리-주
체의 형성이 중요했다. 그런데 이 차원에서 형성될 수 있는 '우리'는 개인적 차원,
곧 나와 타자에만 해당된다. 반면 융화집단의 경우에 '우리'는 정확히 수많은 인
간을 포함하는 우리 또는 우리-주체라는 점을 짚고 넘어가자.

[67] 같은 책, p.519.

[68] 같은 책, p.519.

[69] 같은 책, p.527.

[70] 같은 책, p.760.

3부 주체적 삶의 방해 요인을 극복하다

[1] Jean-Paul Sartre, *L'Être et le néant: Essai d'ontologie phénoménologique*, p.713.

[2] 같은 책, p.95.

[3] Jean-Paul Sartre, *Situations, IX*, Gallimard, 1972, p.108; François Noudelmann
et Gilles Pilippe (dir.), *Dictionnaire Sartre*, Honoré Champion, 2004, p.507.

[4] 사르트르는 《존재와 무》의 4부 2장 1절에서 실존적 정신분석을 정립하고자 시도

한다.

⁵ 타자가 부여한 이미지가 좋지 않은 것일 수도 있다. 이 경우에 인간은 그것을 지우거나 바꾸기 위해 노력할 것이다. 이때는 코미디나 유희가 펼쳐지지 않을 수도 있다. 물론 타자가 부여한 좋지 않은 이미지를 자기 것으로 하려고 의도적으로 노력하는 경우도 없지 않다. 장 주네(Jean Genet)가 좋은 예이다. 어린 시절에 돈을 훔쳐 '도둑'이라는 이미지가 그에게 부여되었고, 그는 이 이미지가 좋지 않은 것임에도 불구하고 그것을 받아들이고 또 거기에 부합하려고 노력했다. 다만 주네가 그렇게 했던 것은 자기에게 도둑이라는 이미지를 부여한 자들, 즉 부르주아들이야말로 오히려 도둑이라고 비난하기 위한 전략의 결과였다. 어쨌든 자기에게 좋지 않은 이미지를 부여하는 타자에 대해서는 대개 그와 시선 투쟁을 벌이면서 주체성의 위치를 회복하고자 노력할 것이다. 이것은 이미 매저키즘적 코미디나 유희에서 멀리 떨어져 있는 것이다.

⁶ Jean-Paul Sartre, *Les Mots*, in *Les Mots et autres écrits autobiographiques*, p.13.

⁷ 같은 책, p.50.

⁸ 같은 책, p.50.

⁹ 사르트르는 《문학이란 무엇인가(Qu'est-ce que la littérature?)》에서 문학 작품을 '팽이'와 비교한다. 팽이가 외부에서 가해지는 힘이 있을 때만 돌 수 있는 것과 마찬가지로 문학 작품도 독자의 읽기 행위를 반드시 필요로 한다는 사실을 보여주기 위해서이다. 여기에 대해선 뒤에서 다시 자세히 논의한다.

¹⁰ 《상황 II: 문학이란 무엇인가(Situations, II: Qu'est-ce que la littérature?)》(1948)에는 여섯 편의 글이 실려 있다. 《《레 탕 모데른》지 창간사(Présentation des *Temps modernes*)〉, 〈문학의 국유화(La nationalisation de la littérature)〉, 〈글을 쓴다는 것은 무엇인가(Qu'est-ce qu'écrire?)〉, 〈왜 쓰는가(Pourquoi écrire?)〉, 〈누구를 위해 쓰는가(Pour qui écrit-on?)〉, 〈1947년 작가의 상황(Situation de l'écrivain en 1947)〉이다. 이 여섯 편의 글 가운데 앞의 두 글을 제외한 네 편이 "문학이란 무엇인가"라는 제목으로 묶여 있으며, 사르트르의 연인이었던 돌로레스(Dolorès)에게 헌정되었다. 이 여섯 편의 글은 《레 탕 모데른》지에 1945년부터 1947년까지 게재되었다. 그리고 다음 두 가지 사실을 지적하고 넘어가자. 첫째, 여기에서 《상황 II》는 1948년에 출간된 것을 기준으로 한다는 사실이다. 이 책은 2013년에 사르트르의 양녀인 아를레트 엘카임사르트르(Arlette Elkaïm-Sartre)에 의해 다시 출간되었으나, 그 내용이 1948년 판본과 많이 다르다. 그리고 1948년에 출간된 《상황 II》는 2013년에 《상황 III: 문학과 참여

《Situations, III : Engagement et littérature》라는 제목으로 다른 여러 글들과 함께 아를레트에 의해 새로이 출간되었다. 둘째, 여기에서 《문학이란 무엇인가》라는 단행본으로 지칭되는 것은 《상황 II: 문학이란 무엇인가》(1948)를 가리킨다는 사실이다.

[11] 사르트르의 윤리적 전회 시기는 연구자들에 따라 조금씩 다르게 분석하며, 1939년부터 1952년까지로 보는 견해도 있다. 여기에서는 이 시기를 1939년부터 1948년까지로 규정한다.

[12] 프랑스에서 학생운동과 노동운동이 연합해 벌인 사회혁명으로, 68혁명이라고도 한다.

[13] Jean-Paul Sartre, *Situations, II*, Gallimard, 1948, p.90.

[14] 같은 책, p.91.

[15] 같은 책, p.93.

[16] 같은 책, p.95.

[17] 같은 책, p.96.

[18] 같은 책, p.96.

[19] Jean-Paul Sartre, *Cahiers pour une morale*, p.285.

[20] Jean-Paul Sartre, *Situations, II*, p.97.

[21] Jean-Paul Sartre, *Cahiers pour une morale*, p.248. 앞에서 지적했듯이 《변증법적 이성비판》에서도 요구는 정언명령과 밀접하게 연결되어 있다.

[22] 같은 책, pp.271-272.

[23] Jean-Paul Sartre, *Situations, II*, p.103.

[24] Jean-Paul Sartre, *Cahiers pour une morale*, p.135.

[25] Jean-Paul Sartre, *Situations, II*, p.109.

[26] 포틀래치는 북아메리카의 서북 해안 지방에 살았던 인디언들 사이에서 행해진 특별한 문화적 관습으로, 부족의 우두머리 등 부유하고 힘 있는 자가 베푸는 축제를 일컫는다.

[27] Jean-Paul Sartre, *L'Être et le néant : Essai d'ontologie phénoménologique*, pp.684-685.

[28] Jean-Paul Sartre, *Situations, II*, p.100.

[29] 같은 책, p.125.

[30] 같은 책, p.93.

[31] 같은 책, p.119.

[32] 같은 책, p.130.

[33] 같은 책, p.128.

[34] 같은 책, p.129.

[35] 같은 책, p.108.

[36] 사르트르는 '작품'이라는 개념을 두 가지의 넓은 의미로 사용하는 것으로 보인다. 첫째, 작품은 인간, 가령 '내'가 살아가면서(실존하면서) 직접 창조해낸 것의 총체이다. 이 경우 작품은 '나의 삶', 곧 '나 자신'이 될 것이다. 둘째, 작품은 또한 내가 세계-내-존재의 자격으로 이 세계와 관계를 맺으면서 창조해낸 결과물이라고 할 수 있다. 좀 더 구체적으로 이 경우에 작품은 학문적 성과나 예술 작품 등이 될 것이다. 따라서 내가 타자에게 호소하는 경우, 나는 구체적으로 나 자신이나 내가 이룬 학문적 성과나 내가 창작한 예술 작품을 매개로 타자에게 호소하는 것이다. 사르트르는 실제로 이 두 가지 작품 가운데 두 번째 형태를 구체적으로 다룬다. 학문적 성과('진리'의 형태를 띤다)와 예술 작품이 그것이다. 그리고 사르트르는 《문학이란 무엇인가》에서 예술 작품 중에서도 문학 작품을 중심으로 증여 행위를 토대로 한 윤리 정립의 가능성을 제시하는 것으로 보이며, 특히 《윤리를 위한 노트》에서는 작품의 영역을 문학 작품에서 일반 예술 작품으로, 나아가서는 방금 위에서 지적한 첫 번째 의미에서의 작품 개념으로까지 확대하는 것으로 보인다. 《윤리를 위한 노트》에서 사르트르는 이처럼 확장된 의미에서의 작품의 창조·증여·호소를 모두 같은 개념으로 생각하며(Jean-Paul Sartre, *Cahiers pour une morale*, p.293) 이 개념들을 토대로 윤리의 정립을 모색한다.

[37] 같은 책, p.487.

[38] Jean-Paul Sartre, *Critique de la raison dialectique*, t. II: *L'Intelligibilité de l'Histoire*, Gallimard, 1985, p.187.

[39] Jean-Paul Sartre, *Critique de la raison dialectique*, t. I, p.235. 프랑스에서 《변증법적 이성비판》(1권)이 1960년에 출간되었다는 사실을 고려해 이 수치를 이해해야 한다. 하지만 21세기로 접어든 지금에도 사르트르의 이런 주장이 완전히 틀린 것이라고 말할 수는 없을 것이다.

[40] Jean-Paul Sartre, *Critique de la raison dialectique*, t. II, pp.394-395, note 1.

[41] *L'Arc*, no 30(Jean-Paul Sartre), 1966, p.90.

[42] 같은 책, p.91.

[43] Jean-Paul Sartre, *Situations*, IX, p.100.

[44] *L'Arc*, p.90. 사르트르는 구조주의에 대해 "결코 적대적"이지 않다고 단언한다(같은

책, p.88). 하지만 위에서 언급했듯이 사르트르는 구조주의자들의 구조 개념을 자신이 《변증법적 이성비판》에서 제시한 실천적-타성태의 한 계기로 본다. 구조주의에서 구조가 인간의 행동을 제약하는 것과 마찬가지로 실천적-타성태 역시 인간의 실천을 제약하는 것은 사실이다. 하지만 사르트르는 인간이 자신에게 제약을 가하는 실천적-타성태를 항상 극복할 수 있다고 주장한다. 그런 만큼 인간은 여전히 기투의 주체이고, 실천의 주체라는 것이다.

[45] Epistémon, *Ces idées qui ont ébranlé la France*, Fayard, 1968, p. 76(Michel Contat et Michel Rybalka, *Les Écrits de Sartre*, p.461에서 재인용).

[46] François Dosse, "Mai 1968 ou la revanche de Sartre", in *Philosophie magazine*, 2008.3.27.

[47] 《파리떼》의 배경이 되고 있는 아르고스(Argos)를 가리킨다.

[48] Jean-Paul Sartre, *Les Mouches*, in *Théâtre complet*, p.35.

[49] Jean-Paul Sartre, *L'Engrenage*, Nagel, 1948, p.115.

[50] 같은 책, p.159.

[51] Jean-Paul Sartre, *Le Diable et le bon Dieu*, in *Théâtre complet*, p.501. 이 작품에서 괴츠는 '악' 대신 '선'을 행하고자 하나 실패하고, 최종적으로는 '악'을 행하기로 결심한다. 즉 기존의 폭력을 대항폭력을 통해 극복하고자 한다. 반면 이 작품의 중심인물 가운데 한 명인 힐다는 증여·관용으로 폭력을 극복하고자 한다. 이런 사실들을 종합하면 1951년에 처음으로 상연된 이 작품에서 사르트르는 폭력을 극복하기 위한 노력에서 순수대항폭력과 증여·관용 등의 유용성을 함께 검토하지만, 여전히 순수대항폭력에 의한 극복 쪽으로 기울어진다고 할 수 있다.

마치며: 주체적 삶을 이루는 조건들

[1] Jean-Paul Sartre, *Les Mots*, in *Les Mots et autres écrits autobiographiques*, p.138.

[2] 보부아르는 이미 사르트르의 상속권을 두고 아를레트와 불편한 관계이기도 했다. 사르트르는 보부아르의 기대와는 달리 아를레트에게 저작권을 위시해 모든 권리를 유산으로 물려주기로 결정해버렸다. 하지만 이 문제는 사르트르의 설득으로 보부아르가 이해하게 되었다고 한다. 설사 자기가 보부아르에게 모든 권리를 넘겨준다고 해도 보부아르 역시 얼마 못 가 죽게 된다는 것이 사르트르가 설득한 내

용이었다. 보부아르 자신도 동생 엘렌(Hélène)의 기대와는 달리 저작권을 양녀 실비 르봉 드 보부아르(Sylvie Le Bon de Beauvoir)에게 유산으로 물려주었다.

3 연구자 가운데 극히 일부는 사르트르가 무신론자가 아니라는 주장을 펼치기도 하는데, 《존재와 무》 등에서 '신' 개념이 자주 등장한다는 것을 근거로 든다.

4 Jean-Paul Sartre, "Plaidoyer pour les intellectuels", *Situations, VIII*, Gallimard, 1972, p.377.

5 같은 책, p.396.

6 같은 책, p.397.

7 같은 책, pp.391-392.

8 같은 책, p.408. 참고로 안토니오 그람시(Antonio Gramsci)는 이런 TSP는 '상부구조의 하급 기능인' 또는 '헤게모니의 봉사자'로 여긴다.

9 같은 책, p.408.

10 *Sartre*, un film réalisé par Alexandre Astruc et Michel Contat, texte intégral, p.128.

11 Jean-Paul Sartre, Bernard Pingaud et Dionys Mascolo, "L'ami du peuple", *Du Rôle de l'intellectuel dans le mouvement révolutionnaire*, Le Terrain vague, 1971, p.19.

참고문헌

Beauvoir, Simone de. 1958. *Mémoires d'une jeune fille rangée*. Gallimard. coll. Folio.

_____. 1974(1944). *Pour une morale de l'ambiguïté* suivi de *Pyrrhus et Cinéas*. Gallimard. coll. Idees.

_____. 1981. *La Cérémonie des adieux* suivi de *Entretiens avec Jean-Paul Sartre*. Gallimard.

Burgelin, Claude. 1994. Les Mots *de Jean-Paul Sartre*. Gallimard. coll. Foliothèque.

Contat, Michel (dir.). 1996. *Pourquoi et comment Sartre a écrit* Les Mots: *Genèse d'une autobiographie*. PUF. coll. Perspectives critiques.

Contat, Michel et Michel Rybalka. 1970. *Les Écrits de Sartre*. Gallimard.

Dosse, François. "Mai 1968 ou la revanche de Sartre". in *Philosophie magazine*. mise en page le 27/03/2008. http://philomag.com/articles/mai-68-ou-la-revanche-de-sartre

Hodard, Philippe. 1979. *Sartre entre Marx et Freud*. Jean-Pierre Delarge.

Jeanson, Francis. 1974. *Sartre dans sa vie*. Seuil.

L'Arc. 1966. no 30(Jean-Paul Sartre).

Lévy, Bernard-Henri. 2000. *Le Siècle de Sartre*. Grasset.

Noudelmann, François et Gilles Pilippe (dir.). 2004. *Dictionnaire Sartre*. Honoré Champion.

Pacaly, Josette. 1980. *Sartre au miroir: Une lecture psychanalytique de ses écrits autobiographiques*. Klincksieck.

Sartre, Jean-Paul. 1943. *L'Être et le néant: Essai d'ontologie phénoménologique*. coll. Biobliothèque des idées.

_____. 1948. *L'Engrenage*. Nagel.

_____. 1948. *Situations, II*. Gallimard.

_____. 1952. *Saint Genet: Comédien et martyr* (Œuvres complètes de Jean Genet, t. I). Gallimard.

_____. 1960. *Critique de la raison dialectique*, t. I: *Théorie des ensembles pratiques*. Gallimard. coll. Bibliothèque de philosophie.

_____. 1964. *Situations, VI*. Gallimard.

_____. 1972. *Situatiobs, VIII*. Gallimard.

_____. 1972. *Situations, IX*. Gallimard.

_____. 1976. *Situations, X*. Gallimard.

_____. 1981. *Œuvres romanesques*. Gallimard. coll. Bibliothèque de la Pleiade.

_____. 1983. *Cahiers pour une morale*. Gallimard. coll. Bibliothèque de philosophie.

_____. 1985. *Critique de la raison dialectique*, t. II: *L'Intelligibilité de l'Histoire*. Gallimard. coll. Bibliothèque de philosophie

_____. 1990. *Écrits de jeunesse*. Gallimard.

_____. 2005. *Théâtre complet*. Gallimard. coll. Bibliothèque de la Pleiade.

_____. 2010. *Les Mots et autres écrits autobiographiques*. Gallimard. coll. Bibliothèque de la Pléiade.

_____, Bernard Pingaud et Dionys Mascolo. 1971. *Du Rôle de l'intellectuel dans le mouvement révolutionnaire*. Le Terrain vague.

Sartre. 1977. un film réalisé par Alexandre Astruc et Michel Contat. texte intégral. Gallimard.

Schwarzer, Alice. 1984. *Simone de Beauvoir aujourd'hui: Six entretiens*. Mercure de France.

Solal, Annie-Cohen. 1985. *Sartre 1905-1980*. Gallimard.

레비, 베르나르앙리. 2009. 《사르트르 평전》. 변광배 옮김. 을유문화사. 2009.

변광배. 2020. 《사르트르와 폭력: 사르트르의 철학과 문학에 나타난 폭력의 얼굴들》. 그린비.

소포클레스. 2005. 《소포클레스 비극》. 천병희 옮김. 단국대학교 출판부. 2005.

시리넬리, 장프랑수아. 2022 《세기의 두 지식인, 사르트르와 아롱》. 변광배 옮김. 세창출판사.

아렌트, 한나. 2015. 《전체주의의 기원》(I·II). 이진우·박미애 옮김. 한길사.

＿＿＿. 2019. 《정신의 삶》. 홍원표 옮김. 푸른숲.

파스칼, 블레즈. 2007. 《팡세》. 이환 옮김. 민음사. 세계문학전집 83.